CW00457895

French Short Stories for Beginners

Improve Your Reading and Listening Skills in French

Frédéric BIBARD (TalkinFrench.com)

No part of this book including the audio material may be copied, reproduced, transmitted or distributed in any form without prior written permission of the author. For permission requests, write to: support@talkinfrench.com.

Also available:

French Short Stories for Intermediate (https://geni.us/fssivol1)

French Phrase Book (https://geni.us/frenchphrasebook)

For more products by Frédéric BIBARD/Talk in French, visit:

https://www.amazon.com/Frederic-BIBARD (for US)

https://www.amazon.co.uk/Frederic-BIBARD (for UK)

Or go to https://store.talkinfrench.com

TABLE OF CONTENTS

$29 FREE BONUSES

Improve Your French with 450+ Learning Resources

Inside the French Learning Package, you will find:

- 57 French essay phrases to improve your writing skills

- 10 French self-introduction samples + audio files for practicing pronunciation and conversation skills

- 200 most common French verbs to build a strong foundation in the language

- A complete and easy guide to French adjectives to expand your vocabulary and enhance your writing and speaking skills

- 90+ PDF resources covering grammar, vocabulary, and conversation for all levels

- 100+ audio files for listening and speaking practice at all levels

Scan the QR code below to claim your copy.

OR

Visit the link below:

https://www.talkinfrench.com/beginner-stories-bonus

INTRODUCTION

Learn French in a more natural and entertaining way.

How does a child learn to talk, speak, and read? By experience! Someone who cares talks to them, reads to them, and teaches them how to write. What little child doesn't like to have a story read to them? Learn how to communicate in French the same way. It doesn't have to be complicated to be effective and enjoyable.

This book contains 15 original French short stories designed to help you **improve your reading and listening skills** and **learn new vocabulary easily**. The stories are fun and engaging. They are written for beginner to low intermediate French learners (or A1-A2 level on the Common European Framework of Reference [CEFR]).

Enjoy yourself while you learn to speak French.

A common complaint for those learning to speak French is how difficult it is to find suitable reading material, and the lack of audio content to practice listening and pronunciation. This book provides a solution for both of those problems. It gives the reader a fun way to learn how to read, speak, listen to, and pronounce French without getting bored or intimidated by the monotony of memorizing grammar rules and vocabulary lists. Have fun while learning French!

Useful story themes cultivate a natural development to speaking French instinctively.

Imagine listening to your favorite story. Learning happens naturally. Here, your brain puts the pieces of vocabulary and grammar structures together as you spend time in stories that revolve around real-life scenarios. Then, use what you learn in your day-to-day conversations. You retain more because you can actually use it! In learning this way, your instincts connected with communication are engaged and your conversation will flow naturally.

Also, this format makes it easy for you to do away with the dictionary! (Thank heavens.) French-English glossaries are tucked into the stories to help you understand certain words. Not only will you be introduced to over 1,500 French words and expressions, but you will learn how to use them in the proper context.

The stories are not only interesting to read but also revolve around useful situations.

Thank you,

Frédéric BIBARD

Founder of TalkinFrench.com

ADVICE ON HOW TO USE THIS BOOK EFFECTIVELY

While you can choose your own way of enjoying this book, I have prepared some advice on how you can take full advantage of it and maximize your learning and enjoyment.

1. Don't try to understand everything the first time around.

As a beginner, your French skills will take time to develop. You may not understand everything. That's OK. Don't give up or get frustrated just because you are stuck on one word. I have tried to provide as much vocabulary as possible that I believe can instill in your mind the comprehension of the stories. If one word confuses you, just skip it and continue reading.

2. Beware of direct translation.

You may have already learned some individual French words separately. Sometimes, though, when these words are put together, the meaning completely changes. Be careful not to translate word for word. For example: « tout le monde » (literal meaning "all the world") means "everybody." The same idea applies for phrasal verbs. For example: « se mettre » (literal meaning "to put yourself") actually means "to start / to begin."

3. Make use of the summary.

Each story comes with a summary. After reading each story, I encourage you to write your own summary to reinforce the learning process. After creating a summary based on your comprehension, compare it with the one provided. I highly recommend this exercise. It's a good way to boost your writing skills.

4. Review the words you've learned.

The vocabulary recap at the end of each chapter allows a review which will help you recall and retain the new vocabulary and expressions you learned in the story.

IMPROVE YOUR LISTENING AND PRONUNCIATION SKILLS WITH THE AUDIO RECORDING

Your book comes with the audio recording of each story, narrated by a native French speaker. Your comprehension of the spoken word will increase as your ears hear how the words sound and when you practice the pronunciation out loud while listening. The simple way a child learns how to communicate is the same method used here: practice and experience.

The stories are recorded at a slightly slower speed than how French people normally speak, but at a pace that still sounds natural. We guarantee a high quality of sound for your listening pleasure.

For beginner-level learners:

1. Read through the story first, focusing on understanding its subject matter and learning the vocabulary.

2. Then listen to the slow audio version to practice your listening comprehension and pronunciation and increase your ability to understand the story.

For intermediate to advanced-level learners:

1. Listen to the stories first. Confirm your understanding of them by reading it and checking out the vocabulary.

2. If you need to review, read the story, decide where your understanding needs improvement, and start there!

WANT TO READ THE STORIES WITH ENGLISH TRANSLATIONS?

These stories were written in pure French, but with a vocabulary list and glossary guide for complex words. We first want you to challenge yourself by reading in French only to start familiarizing yourself with the most common French vocabulary and grammar.

But if you aren't confident enough for that yet, you may also read the stories in French and English. We have a version where each paragraph has been translated in parallel French and English.

Please send us an email at support@talkinfrench.com. We will be happy to send you a copy of that version in PDF format.

Thank you,

Frédéric BIBARD

Founder of TalkinFrench.com

Important! The link to download the Audio Files is available at the end of this book. (Page 199)

Sharon est **une jeune fille anglaise** qui est venue en France pour **les vacances d'été.** Elle **habite** chez son amie Clémentine Marais. Sharon et Clémentine **correspondent** par emails depuis plus de six mois. C'est **la première fois** qu'elles **se rencontrent**. C'est aussi la première fois que Sharon voyage dans **un pays étranger**. Elle a un peu peur, mais tout se passe très bien. La famille Marais est heureuse d'**accueillir** Sharon, **cependant** la jeune fille ne parle pas très bien français. Clémentine décide de l'emmener dans **un cours de langue pour débutants**.

une jeune fille anglaise - a young English girl

les vacances d'été - the summer holidays

habite (habiter) - lives (to live)

la première fois - the first time

se rencontrer - to meet

un pays étranger - a foreign country

accueillir - to have as a guest

cependant - however

un cours de langue pour débutants - a language course for beginners

Le cours est **ouvert** à **tout le monde** et **se déroule** dans une des salles de l'école. Comme c'est les vacances d'été, l'école **est fermée** et **les salles de classe** sont **vides**. Elles sont donc **utilisées** pour d'autres activités, comme le cours de langue. C'est **un professeur bénévole** qui se propose cet été pour accueillir et **aider** les étrangers de la ville à **apprendre** le français.

ouvert - open

tout le monde - everybody

se déroule (se dérouler) - takes place (to take place)

est fermée (être fermé) - is closed/to be closed

les salles de classe - the classrooms

vide - empty

utilisées - used

un professeur bénévole - a volunteer teacher

aider - to help

apprendre - to learn

Sharon et Clémentine sont en avance. **Le cours commence** à trois heures de l'après-midi et il est seulement deux heures et demie. Mais il y a déjà d'autres **élèves** qui sont arrivés, **des filles et des garçons** de tous les âges, qui **discutent** entre eux dans le couloir. **Ils** ne **se connaissent** pas tous, mais certains sont déjà amis.

il (le cours) commence (commencer) - it (the lesson) begins (to begin)

élèves - students

des filles et des garçons - girls and boys

ils discutent (discuter) - they are talking (to talk)

ils se connaissent (connaître) - they know each other (to know)

« **Salut !** », dit Clémentine à tout le monde. Sharon est un petit peu **impressionnée**, mais son amie la rassure.« **Tout va bien se passer** », lui dit-elle alors que le professeur **arrive** à son tour. Dans la salle de classe, **les tables et les chaises** sont **installées en cercle**. Les élèves s'assoient chacun à une place. Le professeur se met au centre du cercle. De cette manière, il peut **voir** tout le monde et tout le monde peut se voir. Sur les tables, il y a **des papiers et des stylos** pour que les élèves **écrivent** les mots importants.

Salut ! - Hi!

impressionné/impressionnée - impressed (M/F)

tout va bien se passer - everything's going to be OK

il arrive (arriver) - he comes (to come)

les tables et les chaises - the tables and the chairs

installées - arranged

en cercle - in a circle

voir - to see

des papiers et des stylos - papers and pens

écrivent (écrire) - write (to write)

« **Bonjour !**, dit le professeur pour commencer. **Je m'appelle** Monsieur Hardouin. **Mon prénom** est François. **Mon nom complet** est donc François Hardouin. **Et toi, comment tu t'appelles ?** » Le professeur **pose la question** à l'amie de Clémentine. « Je m'appelle Sharon.

- Bonjour, Sharon ! **Comment vas-tu ?**

- **Je vais bien**, merci. Et vous, **comment allez-vous ?**

- Ça va aussi. **Quel âge as-tu ?**

- **J'ai quinze ans**, monsieur. **Quel âge avez-vous ?** » Le professeur **rit** et répond qu'il a quarante-sept ans.

Bonjour ! - Hello!

je m'appelle... - my name is...

mon prénom - my first name

mon nom complet - my full name

Et toi, comment tu t'appelles ? - And you, what is your name? (informal)

pose la question - asks (to ask)

Comment vas-tu ? - How are you? (informal)

Je vais bien, merci. - I'm fine, thank you. (formal)

comment allez-vous ? - How are you? (formal)

Ça va - I'm fine (informal)

Quel âge as-tu ? - How old are you? (informal)

J'ai quinze ans - I'm fifteen years old

Quel âge avez-vous ? - How old are you? (formal)

rit - laughs (to laugh)

Monsieur Hardouin pose **les mêmes** questions **à d'autres élèves** qui répondent tous très bien.

« **Quelle est votre nationalité ?**, demande-t-il ensuite en **faisant le tour du cercle.**

- **Je suis française**, répond Clémentine.

- **Moi je suis anglaise**, dit Sharon

- Et moi **je suis suisse**, dit un garçon à côté d'elle. **Quelle est ta nationalité ?**

- **Je suis indonésien** et **mon voisin** de table est espagnol.

- Moi **je suis suédois**, je m'appelle Glen. Et toi, **comment tu t'appelles ?**

- **Je m'appelle Alice** et **je suis canadienne.**

- Moi **je suis japonaise. Quel est ton nom ?**, demande une fille à sa voisine d'**en face.**

- **Mon nom est Maria** et **je suis brésilienne. Et toi ?**

- **Je suis hollandais.** J'ai **un cousin allemand** et **une cousine belge. D'où viens-tu ?**

- **Je suis américain**, mais je vis en Italie avec mes parents. Mon père est italien.

- Moi **je suis russe** », termine un autre garçon.

Il y a vraiment beaucoup de nationalités différentes autour du professeur.

les mêmes - the same

à d'autres élèves - to other students

Quelle est votre nationalité ? - What is your nationality? (plural)

faisant le tour du cercle - going around the circle

Je suis français/française - I am French (M/F)

Je suis anglais/anglaise - I am English (M/F)

Je suis suisse - I am Swiss (M/F)

Quelle est ta nationalité ? - What is your nationality? (informal)

Je suis indonésien/indonésienne - I am Indonesian (M/F)

mon voisin - my neighbor

Je suis suédois/suédoise - I am Swedish (M/F)

Comment tu t'appelles ? - What is your name? (informal)

Je m'appelle Alice et je suis canadienne. - My name is Alice and I am Canadian.

Je suis japonais/japonaise - I am Japanese (M/F)

Quel est ton nom ? - What is your name? (informal)

en face de - facing/across from

Mon nom est Maria et je suis brésilienne. Et toi ? - My name is Maria and I am Brazilian. And you?

Je suis hollandais/hollandaise - I am Dutch (M/F)

un cousin allemand - a German cousin (M)

une cousine belge - a Belgian cousin (F)

D'où viens-tu ? - Where are you from? (informal)

Je suis américain/américaine - I am American (M/F)

Je suis russe - I am Russian (M/F)

Monsieur Hardouin est content de voir des personnes **venant de** tous les pays. **Il demande** aux élèves de **travailler ensemble**, par **petits groupes** de deux ou trois. Sharon et Clémentine **se mettent** avec un jeune garçon un peu **plus vieux** qu'elles. « Salut !, dit le garçon, je m'appelle Nicolas.

- **Enchantée**, dit Sharon. **Où habites-tu ?**

- **J'habite à Paris !**

- **Quelle est ton adresse ?**

- **J'habite le 48, rue des Tournelles à Paris**. J'habite dans **un petit appartement** avec mes parents. **Au-dessus** de chez nous, la voisine est très gentille et **en dessous** le voisin est absent. Et toi ?

- Moi **j'habite dans une maison avec ma famille**. J'ai un frère, une sœur et un chat.

- **Comment s'appelle-t-il ?**

- Mon chat s'appelle Igor. »

venant de - coming from

il demande (demander) - he asks (to ask)

travailler ensemble - to work together

petits groupes - small groups

se mettent (se mettre) - start (to start)

plus vieux - older

Enchanté/enchantée - Nice to meet you (M/F)

Où habites-tu ? - Where do you live? (informal)

J'habite à Paris ! - I live in Paris!

Quelle est ton addresse ? - What is your address? (informal)

J'habite le 48, rue des Tournelles à Paris. - I live on Tournelles street in Paris.

un petit appartement - a small apartment

au-dessus - above

en dessous - below

J'habite dans une maison avec ma famille. - I live in a house with my family.

Comment s'appelle-t-il ? - What is his name?

Sharon ne **parle** pas beaucoup. Elle est un peu intimidée.

« **Pourquoi ?**, lui demande Nicolas.

- **Je ne parle pas très bien français**, répond Sharon. Je suis **ici seulement** pour les vacances.

- Tu es ici depuis **quand ?**

- Depuis une semaine.

- Et **comment** es-tu venue ?

- Je suis venue par le train.

- **Avec qui ?**

- Avec ma mère, mais elle n'a pas fait tout le voyage. Seulement le trajet jusqu'à Paris.

- **Combien** de temps restes-tu en France ?

- Je reste en vacances en France durant trois semaines.

- Et toi, que fais-tu dans la vie ?

- **Je suis étudiant. J'étudie la géographie** à l'université. »

elle parle (parler) - she speaks (to speak)

Pourquoi ? - Why?

Je ne parle pas très bien français. - I don't speak French very well.

ici seulement - here only

Quand ? - When?

Comment ? - How?

Avec qui ? - With whom?

Combien ? - How much?/How many?

Je suis étudiant - I am a student

J'étudie la géographie - I am studying geography

Après une heure de discussion, le professeur annonce qu'il est l'heure de faire **une pause**. « **Excusez-moi**, je reviens, dit Nicolas. **À tout à l'heure !**

- **Oui, à plus tard !**», répond Clémentine. Clémentine et Sharon trouvent le garçon très **gentil**. Quand il **revient** après la pause, Clémentine lui demande s'il viendra au **prochain cours**. « **Je ne sais pas**, répond Nicolas. **Quel est ton numéro de téléphone, s'il te plaît ?** Je **t'appellerai** pour te dire si je viens au cours suivant ou **non**. » Clémentine écrit son numéro de téléphone portable sur le papier et le donne à Nicolas.

« **Merci !** »

une pause - a break

excusez-moi - excuse me (plural or formal)

À tout à l'heure ! - See you later!

Oui - Yes

À plus tard ! - See you later!

gentil - nice

revient (revenir) - comes back (to come back)

prochain cours - next lesson

Je ne sais pas - I don't know

Quel est ton numéro de téléphone ? - What is your phone number?

Je t'appellerai (appeler) - I will call you (to call)

s'il te plaît - please (informal)

Merci - Thank you

Le cours se termine et les élèves ont tous fait connaissance. Sharon se sent plus **confiante** et pense aller au prochain cours. « C'était très bien, dit le professeur. On se revoit demain. **À bientôt !**

- **Au revoir**, répondent les élèves.

- **Merci beaucoup**, monsieur, dit Sharon. **Bonne journée, à demain !** » Sharon et Clémentine se sont amusées à cette leçon et Clémentine est contente, son amie s'amuse bien. Et maintenant, Sharon sait **se présenter** en français !

confiante - confident

À bientôt ! - See you soon!

Au revoir - Goodbye

Merci beaucoup - Thank you very much

Bonne journée ! - Have a good day!

À demain - See you tomorrow

se présenter - to introduce oneself

QUIZ

1. Qui est Sharon ?
   a) C'est le professeur du cours de français pour débutants.

   b) C'est la maman de Clémentine.

   c) C'est la correspondante anglaise de Clémentine.

   d) C'est une jeune étudiante suisse.

2. Pourquoi François Hardouin rit-il ?
   a) Sharon fait une faute de français.

   b) Sharon lui demande son âge.

   c) Il est heureux de rencontrer des étudiants de tous les pays.

   d) Clémentine fait une blague.

3. Qui est Nicolas ?
   a) Un étudiant canadien qui apprend le français.

   b) Le camarade de groupe de Sharon et Clémentine.

   c) Un lycéen italien.

   d) Un étudiant en histoire.

ANSWER

1) c   2) b   3) b

SUMMARY

Sharon est une jeune anglaise de 15 ans. Elle est venue passer trois semaines pendant les vacances d'été avec sa correspondante française, Clémentine.

Comme elle ne parle pas très bien français, Clémentine décide de lui faire suivre un cours de français pour débutants. C'est François Hardouin, un professeur bénévole, qui reçoit ces jeunes de tous les coins du monde. Tout le monde est assis en cercle autour de lui et chacun se présente.

Pendant le travail de groupe, Sharon et Clémentine font la connaissance d'un sympathique étudiant en géographie, Nicolas.

Les deux filles ont passé une excellente journée. Vivement le cours de demain!

VOCABULARY RECAP 1

une jeune fille anglaise - a young English girl

les vacances d'été - the summer holidays

habite (habiter) - lives (to live)

la première fois - the first time

se rencontrer - to meet

un pays étranger - a foreign country

accueillir - to have as a guest

cependant - however

un cours de langue pour débutants - a language course for beginners

ouvert - open

tout le monde - everybody

se déroule (se dérouler) - takes place (to take place)

est fermée (être fermé) - is closed/to be closed

les salles de classe - the classrooms

vide - empty

utilisées - used

un professeur bénévole - a volunteer teacher

aider - to help

apprendre - to learn

il (le cours) commence (commencer) - it (the lesson) begins (to begin)

élèves - students

des filles et des garçons - girls and boys

ils discutent (discuter) - they are talking (to talk)

ils se connaissent (connaître) - they know each other (to know)

Salut ! - Hi!

impressionné/impressionnée - impressed (M/F)

tout va bien se passer - everything's going to be OK

il arrive (arriver) - he comes (to come)

les tables et les chaises - the tables and the chairs

installées - arranged

en cercle - in a circle

voir - to see

des papiers et des stylos - papers and pens

écrivent (écrire) - write (to write)

Bonjour ! - Hello!

je m'appelle... - my name is...

mon prénom -my first name

mon nom complet - my full name

Et toi, comment tu t'appelles ? - And you, what is your name? (informal)

pose la question - asks (to ask)

Comment vas-tu ? - How are you? (informal)

Je vais bien, merci. - I'm fine, thank you. (formal)

comment allez-vous ? - How are you? (formal)

Ça va - I'm fine (informal)

Quel âge as-tu ? - How old are you? (informal)

J'ai quinze ans - I'm fifteen years old

Quel âge avez-vous ? - How old are you? (formal)

rit - laughs (to laugh)

les mêmes - the same

à d'autres élèves - to other students

Quelle est votre nationalité ? - What is your nationality? (plural)

faisant le tour du cercle - going around the circle

Je suis français/française - I am French (M/F)

Je suis anglais/anglaise - I am English (M/F)

Je suis suisse - I am Swiss (M/F)

Quelle est ta nationalité ? - What is your nationality? (informal)

Je suis indonésien/indonésienne - I am Indonesian (M/F)

mon voisin - my neighbor

Je suis suédois/suédoise - I am Swedish (M/F)

Comment tu t'appelles ? - What is your name? (informal)

Je m'appelle Alice et je suis canadienne. - My name is Alice and I am Canadian.

Je suis japonais/japonaise - I am Japanese (M/F)

Quel est ton nom ? - What is your name? (informal)

en face de - facing/across from

Mon nom est Maria et je suis brésilienne. Et toi ? - My name is Maria and I am Brazilian. And you?

Je suis hollandais/hollandaise - I am Dutch (M/F)

un cousin allemand - a German cousin (M)

une cousine belge - a Belgian cousin (F)

D'où viens-tu ? - Where are you from? (informal)

Je suis américain/américaine - I am American (M/F)

Je suis russe - I am Russian (M/F)

venant de - coming from

il demande (demander) - he asks (to ask)

travailler ensemble - to work together

petits groupes - small groups

se mettent (se mettre) - start (to start)

plus vieux - older

Enchanté/enchantée - Nice to meet you (M/F)

Où habites-tu ? - Where do you live? (informal)

J'habite à Paris ! - I live in Paris!

Quelle est ton addresse ? - What is your address? (informal)

J'habite le 48, rue des Tournelles à Paris. - I live on Tournelles street in Paris.

un petit appartement - a small apartment

au-dessus - above

en dessous - below

J'habite dans une maison avec ma famille. - I live in a house with my family.

Comment s'appelle-t-il ? - What is his name?

elle parle (parler) - she speaks (to speak)

Pourquoi ? - Why?

Je ne parle pas très bien français. - I don't speak French very well.

ici seulement - here only

Quand ? - When?

Comment ? - How?

Avec qui ? - With whom?

Combien ? - How much?/How many?

Je suis étudiant - I am a student

J'étudie la géographie - I am studying geography

une pause - a break

excusez-moi - excuse me (plural or formal)

À tout à l'heure ! - See you later!

Oui - Yes

À plus tard ! - See you later!

gentil - nice

revient (revenir) - comes back (to come back)

prochain cours - next lesson

Je ne sais pas - I don't know

Quel est ton numéro de téléphone ? - What is your phone number?

Je t'appellerai (appeler) - I will call you (to call)

s'il te plaît - please (informal)

Merci - Thank you

confiante - confident

À bientôt ! - See you soon!

Au revoir - Goodbye

Merci beaucoup - Thank you very much

Bonne journée ! - Have a good day!

À demain - See you tomorrow

se présenter - to introduce oneself

Nous sommes en **septembre**. Gilles est **professeur dans une école**. C'est bientôt **la rentrée scolaire** et Gilles a acheté **un nouvel agenda**. Dedans, il écrit ses heures de cours et les dates d'**anniversaires**. Gilles ne veut rien **oublier**.

« Le début des cours est un **lundi** cette année », dit le professeur à **sa femme**. **Ensemble**, ils font le planning de l'année.

septembre - September

professeur dans une école - teacher in a school

la rentrée scolaire - the beginning of the school year

un nouvel agenda - a new diary

anniversaire - birthday

oublier - to forget

lundi - Monday

sa femme - his wife

ensemble - together

La femme de Gilles s'appelle Hélène. Elle travaille dans **un magasin** de décoration **en ville**. Durant le mois d'**octobre**, elle a souvent beaucoup de **clients**. L'**automne** est une période où Hélène **travaille** beaucoup. Pour son mari aussi, cette **saison** est chargée. Il y a les cours, et le **cinq** octobre c'est l'anniversaire de sa mère. Gilles note dans son agenda de lui **acheter** un beau **cadeau**.

un magasin - a shop

en ville - in town

octobre - October

clients - customers

automne - autumn

travaille/travailler - works (to work)

saison - season

cinq - five

acheter - to buy

cadeau - gift

« En **novembre**, la boutique sera remplie de décorations pour Halloween, explique Hélène. Tu pourras **préparer** une animation pour tes **élèves**. » Gilles **est d'accord**. Il note de préparer quelque chose pour cette **fête**. « La Toussaint nous donnera un peu de repos, dit le professeur. Mais il faudra acheter des **fleurs** pour aller au **cimetière**.

- Il y a un fleuriste dans **la rue** où je travaille, je les **achèterai** dans cette boutique. »

novembre - November

préparer - to prepare

élèves - students

est d'accord/être d'accord - agrees (to agree)

fête - celebration

fleurs - flowers

cimetière - cemetery

la rue - the street

achèterai (acheter) - will buy (to buy)

Décembre est le mois que Gilles préfère. Sa femme **n'aime pas la fin de l'année**. Elle pense qu'il fait trop **froid** et que **la nuit** tombe de bonne heure. Gilles est d'accord avec **son épouse** : décembre n'est pas le mois le plus **joyeux**. « Mais il y a les fêtes de fin d'année ! , dit-il avec **un sourire**. Et ce sont **les vacances d'hiver**. Nous pourrons nous **reposer**.»

- Non, nous ne pourrons **pas vraiment** nous reposer, répond Hélène. Il y a les cadeaux de **Noël** à acheter, le sapin à décorer et le réveillon de Noël à préparer.

- **Tu as raison**. Et ensuite, le trente-et-un décembre c'est le réveillon de la Saint-Sylvestre. » Hélène et Gilles feront la fête pour le premier de l'an et ils se reposeront **le lendemain**.

décembre - December

n'aime pas la fin de l'année - doesn't like the end of the year

froid - cold

la nuit - the night

son épouse - his spouse

joyeux - joyful

un sourire - a smile

les vacances d'hiver - winter holidays

se reposer - to rest

pas vraiment - not really

Noël - Christmas

tu as raison - you are right

le lendemain - the day after

« Noël est un **mardi** cette année », dit Gilles. Le professeur n'aime pas les mardis. Il préfère le **mercredi** ou le **jeudi** car ces jours sont **au milieu de la semaine**. **Janvier** est un mois **généralement** très froid. C'est encore **l'hiver**. Hélène aime

le printemps, avec les fleurs qui sortent de la terre et les feuilles qui poussent sur **les arbres**.

mardi - Tuesday

mercredi - Wednesday

jeudi - Thursday

au milieu de - in the middle of

la semaine - the week

Janvier - January

généralement - generally

l'hiver - the winter

le printemps - the spring

les arbres - the trees

« Du **six** au **dix** janvier, je serai **absente**, dit Hélène, je vais à Paris pour **rendre visite** à **mon amie** Christine. **Il y a longtemps** que je ne l'ai pas vue. Nous avons prévu de nous voir après **la nouvelle année**. » Gilles note l'absence de sa femme dans son agenda. Il ajoute qu'il aura **la maison** pour lui tout **seul** à ce moment-là.

six - six

dix - ten

absent/absente - absent (M/F)

rendre visite - to visit

mon ami/mon amie - my friend (M/F)

il y a longtemps - a long time ago

la maison - the house

seul - alone

En **février**, Gilles écrit de préparer **une surprise** pour Hélène à l'occasion de la Saint-Valentin. Gilles et Hélène **sont mariés** depuis **trois ans** et l'homme veut **offrir** un beau cadeau à sa femme. Il se souvient de leur **premier** rendez-vous, c'était le **huit mars, il y a quatre ans**. C'était **une belle journée** ensoleillée et Hélène portait **une robe verte**.

février - February

une surprise - a surprise

ils sont mariés - they are married

trois ans - three years

offrir - to offer

premier - first

huit - eight

mars - March

il y a quatre ans - four years ago

belle journée - beautiful day

une robe verte - a green dress

Gilles **n'aime pas** du tout **le mois d'avril**. Le premier avril, ses élèves lui font souvent **des blagues**. Ce n'est pas **méchant**, c'est seulement pour **s'amuser**. Gilles aime **rire**, mais il n'aime pas les blagues de ses élèves. Mais le **vendredi sept** avril, c'est l'anniversaire du **père** d'Hélène. **Le couple** sera sûrement invité à **manger un gâteau**, comme **tous les ans**.

n'aime pas - doesn't like

le mois d'avril - the month of April

des blagues - jokes

méchant - mean or malicious

s'amuser - to have fun

rire - to laugh

vendredi - Friday

sept - seven

le couple - the couple

manger un gâteau - to eat a cake

tous les ans - every year

« Le mois de **mai** est le plus beau !, dit Hélène.

- Oui, **je suis d'accord**, répond Gilles, Il y a **beaucoup** de fleurs **dehors** et **le temps** est agréable. Peut-être que nous pourrions prendre un week-end de repos à ce moment-là ? »

Hélène est très **contente** de cette idée. Elle montre à **son mari** le programme d'une fête de village qui a lieu en mai. « La fête commence le vendredi et dure jusqu'au dimanche. Le **samedi soir**, il y a un **bal**. » Gilles aime **danser**. Avec Hélène, ils **iront** au bal.

mai - May

je suis d'accord - I agree

beaucoup - many

dehors - outside

le temps - the weather

content/contente - happy (M/F)

son mari - her husband

samedi soir - Saturday night

bal - ball (dancing)

danser - to dance

iront (aller) - will go (to go)

Le mois de **juin** est dans **neuf** mois, mais le professeur a déjà hâte d'y être.

« C'est l'un des **derniers** mois de l'année scolaire, explique-t-il, il y a encore beaucoup de **travail**, mais **les vacances d'été** ne sont plus très loin. » Il commencera à faire beau et **chaud** dehors et les élèves voudront sortir pour **profiter** du **beau temps**. « **Je pense** qu'une sortie scolaire sera organisée, dit Gilles, ce sera **intéressant**. Peut-être que nous irons visiter **un musée** ou un zoo. »

juin - June

neuf - nine

dernier - last

travail - work

les vacances d'été - the summer holidays

chaud - hot

profiter - to enjoy

beau temps - beautiful (good/nice/fine) weather

je pense - I think

intéressant - interesting

un musée - a museum

Gilles est en vacances au mois de **juillet**. Ses vacances **durent deux mois**, en juillet et en **août**. Hélène **n'a pas** de vacances au mois de juillet, **seulement** en août. C'est généralement la période la plus chaude. Hélène n'aime pas vraiment **la chaleur**, mais les longues nuits d'été sont **merveilleuses**. Avec son mari, la femme passe des nuits entières à **regarder les étoiles**.

juillet - July

durent (durer) - last (to last)

deux mois - two months

août - August

n'a pas - doesn't have

seulement - only

la chaleur - the heat

merveilleux/merveilleuse - wonderful (M/F)

regarder les étoiles - to look at the stars

« **Peut-être** pourrions-nous partir en vacances cette année ? », **demande** Hélène.

- « Oui, où veux-tu aller ? » dit Gilles.

- « **Je ne sais pas**. Dans **un pays** que je ne connais pas.

- **L'an dernier**, nous avons visité l'**Italie**. Cette année, nous pouvons partir en **Allemagne**.

- Je suis d'accord. Et il y a beaucoup de choses à visiter dans ce pays. Nous pouvons partir au moins **dix jours**, non ? » Gilles organisera **un voyage** de **deux semaines**.

peut-être - perhaps

demande (demander) - asks (to ask)

je ne sais pas - I don't know

un pays - a country

l'an dernier - last year

Italie - Italy

Allemagne - Germany

dix jours - ten days

un voyage - a trip

deux semaines - two weeks

Gilles et Hélène ont **rempli** tout l'agenda. Gilles a **également** noté toutes **les dates importantes**. L'année va être chargée, avec de nombreuses **choses à faire**. Entre le travail, **les loisirs**, les fêtes et les anniversaires, le couple n'aura pas le temps de **s'ennuyer** ! « Je préfère une année **bien remplie** plutôt que beaucoup de **temps libre** avec **rien à faire du tout** », dit Gilles. Sa femme est d'accord. Elle aussi préfère être bien occupée, même si elle aime **se reposer**. Et **pour le moment**, Gilles et Hélène peuvent encore profiter des **quelques jours** de libre qu'il **reste** avant la rentrée scolaire.

remplir - to fill

également - also

les dates importantes - important dates

choses à faire - things to do

les loisirs - the hobbies

s'ennuyer - to get bored

bien remplie - busy

temps libre - free time

rien à faire du tout - nothing to do at all

se reposer - to rest

pour le moment - for the moment

quelques jours - few days

rester - to stay

QUIZ

1. Que notent Gilles et Hélène sur leur nouvel agenda?

   a) La date de l'élection présidentielle.

   b) La date des examens trimestriels des élèves de Gilles.

   c) La date du prochain concert de Céline Dion.

   d) Les horaires de cours de Gilles et toutes les dates familiales importantes.

2. Pourquoi Hélène n'aime-t-elle pas la fin de l'année?

   a) Elle aime beaucoup la chaleur.

   b) Elle sait qu'elle ne pourra pas se reposer.

   c) Elle déteste les sports d'hiver.

   d) Elle devra attendre encore une dizaine de jours avant d'aller voir Christine à Paris.

3. Gilles et Hélène adorent le mois de mai car:

   a) le temps est gris et pluvieux.

   b) il y aura une fête de village avec un bal.

   c) c'est l'anniversaire de leur rencontre.

   d) ils passeront leurs nuits à regarder les étoiles.

ANSWER

1) d   2) b   3) b

SUMMARY

On est en septembre. Gilles, qui est professeur, prépare avec sa femme, Hélène, qui est vendeuse, le planning de l'année. Il note tout sur son nouvel agenda.

Ils passent en revue les fêtes, les anniversaires, les vacances scolaires et ils font des projets.

Hélène ne partira que quatre jours seule, pour Paris où elle ira voir son amie Christine.

En été, le couple ira en Allemagne pour deux semaines.

Sinon, ils prévoient un ou deux week-ends prolongés en cours d'année.

Tous deux préfèrent les beaux jours, même si Hélène n'aime pas trop la chaleur.

Mais une chose est sûre: ils aiment tous deux avoir des tas d'occupations, afin de ne pas s'ennuyer.

VOCABULARY RECAP 2

septembre - September

professeur dans une école - teacher in a school

la rentrée scolaire - the beginning of the school year

un nouvel agenda - a new diary

anniversaire - birthday

oublier - to forget

lundi - Monday

sa femme - his wife

ensemble - together

un magasin - a shop

en ville - in town

octobre - October

clients - customers

automne - autumn

travaille/travailler - works (to work)

saison - season

cinq - five

acheter - to buy

cadeau - gift

novembre - November

préparer - to prepare

élèves - students

est d'accord/être d'accord - agrees (to agree)

fête - celebration

fleurs - flowers

cimetière - cemetery

la rue - the street

achèterai (acheter) - will buy (to buy)

décembre - December

n'aime pas la fin de l'année - doesn't like the end of the year

froid - cold

la nuit - the night

son épouse - his spouse

joyeux - joyful

un sourire - a smile

les vacances d'hiver - winter holidays

se reposer - to rest

pas vraiment - not really

Noël - Christmas

tu as raison - you are right

le lendemain - the day after

mardi - Tuesday

mercredi - Wednesday

jeudi - Thursday

au milieu de - in the middle of

la semaine - the week

Janvier - January

généralement - generally

l'hiver - the winter

le printemps - the spring

les arbres - the trees

six - six

dix - ten

absent/absente - absent (M/F)

rendre visite - to visit

mon ami/mon amie - my friend (M/F)

il y a longtemps - a long time ago

la maison - the house

seul - alone

février - February

une surprise - a surprise

ils sont mariés - they are married

trois ans - three years

offrir - to offer

premier - first

huit - eight

mars - March

il y a quatre ans - four years ago

belle journée - beautiful day

une robe verte - a green dress

n'aime pas - doesn't like

le mois d'avril - the month of April

des blagues - jokes

méchant - mean or malicious

s'amuser - to have fun

rire - to laugh

vendredi - Friday

sept - seven

le couple - the couple

manger un gâteau - to eat a cake

tous les ans - every year

mai - May

je suis d'accord - I agree

beaucoup - many

dehors - outside

le temps - the weather

content/contente - happy (M/F)

son mari - her husband

samedi soir - Saturday night

bal - ball (dancing)

danser - to dance

iront (aller) - will go (to go)

juin - June

neuf - nine

dernier - last

travail - work

les vacances d'été - the summer holidays

chaud - hot

profiter - to enjoy

beau temps - beautiful (good/nice/fine) weather

je pense - I think

intéressant - interesting

un musée - a museum

juillet - July

durent (durer) - last (to last)

deux mois - two months

août - August

n'a pas - doesn't have

seulement - only

la chaleur - the heat

merveilleux/merveilleuse - wonderful (M/F)

regarder les étoiles - to look at the stars

peut-être - perhaps

demande (demander) - asks (to ask)

je ne sais pas - I don't know

un pays - a country

l'an dernier - last year

Italie - Italy

Allemagne - Germany

dix jours - ten days

un voyage - a trip

deux semaines - two weeks

remplir - to fill

également - also

les dates importantes - important dates

choses à faire - things to do

les loisirs - the hobbies

s'ennuyer - to get bored

bien remplie - busy

temps libre - free time

rien à faire du tout - nothing to do at all

se reposer - to rest

pour le moment - for the moment

quelques jours - few days

rester - to stay

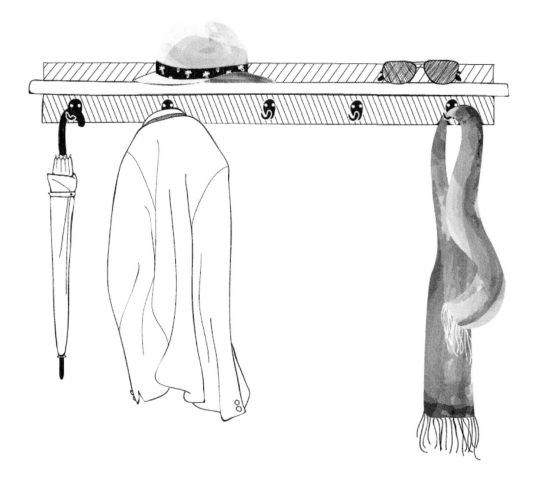

Pierre Lemarchand est **un vieil homme. Il a quatre-vingt-cinq ans.** Il est **retraité** maintenant et vit avec **sa femme**, Gilberte, et **leur chat**, dans **une grande maison.** Le chat s'appelle Ronron et **il ne sort pas** souvent dans **le jardin**. Quand il travaillait, Pierre était **météorologue**. Il s'occupait à **prévoir le temps** qu'il allait faire, si **le soleil** allait **briller** ou si **la pluie** allait tomber.

un vieil homme - an old man

Il a quatre-vingt-cinq ans - He is eighty-five years old

retraité - retired

sa femme - his wife

leur chat - their cat

une grande maison - a big house

il ne sort pas - he doesn't go out

le jardin - the garden

météorologue - meteorologist

prévoir - to predict/to foresee

le temps - the weather

le soleil - the sun

briller - to shine

la pluie - the rain

Son métier lui **manque**, car Pierre aimait vraiment beaucoup **son travail**. Mais **maintenant** qu'il est à la retraite, il continue de **s'intéresser** au temps. Pierre **regarde** la météo **tous les jours** à la télévision. **Le bulletin météorologique** passe avant les informations de **midi** et après celles du **soir**. Soit **deux fois par jour**. Mais Pierre ne regarde que le bulletin météo de midi.

manque (manquer) - miss (to miss)

son travail - his job

maintenant - now

s'intéresser - to take an interest

regarder - to watch

tous les jours - everyday

le bulletin météorologique - the weather report

midi - noon

soir - evening

deux fois par jour - twice a day

Aujourd'hui, nous sommes au **mois de juillet**. C'est **un jour d'été**. Il fait beau et **chaud**. **La température** est élevée et le temps est **ensoleillé**. Dehors, **le ciel** est bleu et **sans nuages**. **Le thermomètre** indique vingt-huit degrés au soleil. Il fait sûrement un peu plus frais à **l'ombre**. Pierre et Gilberte ne sortent pas à **l'extérieur** car il fait trop chaud. Ils restent à **l'intérieur** et **boivent** beaucoup d'**eau** pour s'hydrater.

aujourd'hui - today

mois de juillet - month of July

un jour d'été - a day of summer

chaud - hot

la température - the temperature

ensoleillé - sunny

le ciel - the sky

sans nuages - cloudless

le thermomètre - the thermometer

l'ombre - a shadow

l'extérieur - outside

l'intérieur - inside

ils boivent (boire) - they drink (to drink)

eau - water

Après avoir mangé, Pierre **allume** la télévision pour regarder le bulletin météo. La présentatrice **montre** d'abord le temps pour tout **le pays** aujourd'hui, puis pour **la semaine**. Ensuite, **la carte** change et **la femme** montre le temps qu'il fait **partout dans le monde**. C'est **la partie** que Pierre préfère : **connaître** le temps de l'autre côté du monde. Les prévisions pour **le climat** sont toujours **intéressantes**.

il allume (allumer) - he turns on (to turn on)

elle montre (montrer) - she shows (to show)

le pays - the country

la semaine - the week

la carte - the map

la femme - the woman

partout dans le monde - everywhere in the world

la partie - the part

connaître - to know

le climat - the climate

intéressant/intéressante - interesting (M/F)

Pierre **regarde** la carte des **prévisions**. En Europe, le temps est très varié. À **l'est**, en Allemagne, il ne fait pas beau. Il y a de la **pluie** et le temps est **gris.** Le ciel est **couvert** et **le soleil est caché**. **Il pleut à verse**. Il y a du **vent** aussi. Mais les températures sont **élevées** donc il y a des risques d'**orage** pour **la nuit prochaine**. « **J'aime** les orages, dit Pierre à Gilberte, mais je n'aimerais pas **habiter** en Allemagne. Et Ronron **a peur** du **tonnerre**. »

il regarde (regarder) - he looks (to look)

prévisions - (weather) forecast

l'est - the east

gris - grey

couvert - overcast/dull

le soleil est caché - the sun is hidden

il pleut à verse - it is pouring down

vent - wind

élevées - high

orage - storm

la nuit prochaine - the coming night

j'aime (aimer) - I like (to like)

habiter - to live

a peur (avoir peur) - is afraid (to be afraid)

tonnerre - thunder

Plus au **nord**, dans les pays de la mer Baltique, il fait **froid, même en été**. Mais **le pire** est en **hiver** : le ciel est vraiment très **sombre** toute **la saison**. Il y a **des gelées** le matin et le **sol** est **mouillé**. Les routes sont glissantes, avec le **verglas**. Dans la journée, il peut **neiger**, parfois même il peut y avoir de **la grêle**. Pierre se souvient d'**une tempête** de grêle **il y a trois ans**, c'était impressionnant et violent. Des **fenêtres** s'étaient cassées sous le choc. « Dans **le sud** aussi, il peut faire très froid, dit Pierre. Mais ce n'est pas très fréquent. »

nord - north

froid - cold

même en été - even during summer

le pire - the worst

hiver - winter

sombre - dark

la saison - the season

des gelées (geler) - freeze (to freeze)

sol - ground

mouillé - wet

verglas - (black) ice

neiger - to snow

la grêle - the hail

une tempête - a storm/a high wind

il y a trois ans - three years ago

fenêtres - windows

le sud - the south

Quand le bulletin météorologique est **terminé**, Pierre **éteint** la télévision. C'est **l'après-midi** et, avec Gilberte, il va **se reposer**. Ensuite, mari et femme feront peut-être **un jeu de société**. « J'ai **un livre à terminer**, dit Gilberte, C'est **un roman d'espionnage** et j'arrive à **la fin**. Il ne me reste que **deux chapitres**. Nous pourrons **jouer** après. » Pierre est d'accord. En plus, il doit **écrire** son courrier.

terminé (terminer) - finished (to finish)

il éteint (éteindre) - he turns off (to turn off)

l'après-midi - the afternoon

se reposer - to rest

un jeu de société - a board game

un livre - a book

à terminer - to complete

un roman d'espionnage - a spy novel

la fin - the end

deux chapitres - two chapters

jouer - to play

écrire - to write

Le facteur a apporté ce matin **une carte postale** pour Pierre et Gilberte. La carte postale vient d'**un pays étranger**. Elle **a été envoyée** par Sylvie. Sylvie est **la fille** de Pierre et Gilberte qui ont deux enfants. Sylvie a trente-cinq ans. Elle est mariée et mère d'un garçon. Avec **sa famille**, Sylvie est en **vacances** au Mexique pour quinze jours. Elle a envoyé une carte postale représentant une pyramide dans **l'ouest** du pays.

le facteur - the postman

une carte postale - a postcard

un pays étranger - a foreign country

a été envoyée (envoyer) - was sent (to send)

la fille - the daughter

sa famille - her family

vacances - holidays

l'ouest - the West

Pierre **lit** la carte postale : « **Chers parents**, il fait très chaud ici, à Mexico. **Dans la journée**, le temps est **lourd**, mais il n'est pas **orageux**. Nous nous **sommes habitués** à **la chaleur** et nous faisons beaucoup de visites. Nous avons vu/visité beaucoup de monuments mayas et aztèques. Les temples sont **magnifiques**. Dans la ville, il y a beaucoup de monde, mais **hors de la ville**, les paysages sont superbes. Je fais **beaucoup** de photographies. **La nuit**, ce n'est pas facile de **dormir** avec cette chaleur, même si le temps **se rafraîchit**. Et nous sortons, le soir, pour aller observer **le ciel et les étoiles**. Tout le monde vous **embrasse**, Sylvie. »

il lit (lire) - he reads (to read)

chers parents - dear parents

dans la journée - during the day

lourd - heavy

orageux - stormy

sommes habitués (être habitué) - are used to (to be used to)

la chaleur - the heat

magnifique - beautiful

hors de la ville - outside the city

beaucoup - many

la nuit - the night

dormir - to sleep

se rafraîchit (se rafraîchir) - to get cooler

le ciel et les étoiles - the sky and the stars

embrasse (embrasser) - kiss (to kiss)

Pierre est **content** d'avoir des nouvelles de sa fille. Il est aussi **heureux** de connaître le climat de **l'autre côté** de l'océan Atlantique. Il **n'**est jamais allé au Mexique, **ni** sur le continent américain. Avec Gilberte, ils ont déjà fait **quelques voyages**, mais **uniquement** en Europe. Ensemble, ils ont visité l'Espagne, l'Italie et la Suisse. Le voyage que Pierre a le plus aimé était l'Italie, car il y a de belles choses à voir et **beaucoup de musées à visiter**.

content - happy

heureux - glad

l'autre côté - the other side

ni... ni - neither, nor

quelques voyages - some traveling

uniquement - only

beaucoup de musées à visiter - many museums to visit

Gilberte a préféré le voyage en Suisse. Elle a de la famille dans ce pays. Une de ses cousines y habite et **elle offre** toujours du chocolat de **la région** quand quelqu'un vient la voir. Gilberte **adore** le chocolat. Mais elle se souvient que le temps n'était pas **le meilleur qui soit. Le matin**, le ciel était souvent **couvert** et il y avait de **la brume**. Dans la journée, le ciel devenait **plus clair**, mais le soir il était **de nouveau** sombre avec **du brouillard. Sans parler du temps**, c'était un beau voyage.

elle offre (offrir) - she offers (to offer)

la région - the region

elle adore (adorer) - she loves (to love)

le meilleur - the best

le matin - the morning

couvert - overcast/dull

la brume - mist

plus clair - clearer

de nouveau - again

brouillard - fog

sans parler du temps - the weather aside

« **Tu aimes le temps** de notre région ?, demande Gilberte à son mari.

- Oui, répond Pierre, mais je pense que l'hiver est trop froid et que l'été est trop chaud.

- Tu n'es **jamais** content ! **Où** aimerais-tu habiter, sinon ?

- **Je ne sais pas. Quelque part** où l'hiver est chaud et l'été est froid ! » Gilberte rigole (rit). Son mari est **fou**, il veut vivre dans un pays où le temps est **à l'envers** ! « Eh bien tu iras habiter de l'autre côté du monde **sans moi** ! »

Tu aimes le temps ? - Do you like the weather?

jamais - never

où - where

Je ne sais pas - I don't know

quelque part - somewhere

fou - crazy

à l'envers - in reverse

sans moi - without me

QUIZ

1. Pourquoi Pierre Lemarchand s'intéresse-t-il à la météo?
   a) Il était météorologue.

   b) Il aime savoir le temps qu'il fait avant de sortir son chien.

   c) Il a peur des coups de soleil.

   d) Il veut choisir la date de son départ en vacances.

2. Pierre aime surtout regarder:
   a) la météo en France.

   b) les prévisions en Europe.

   c) le temps prévu de l'autre côté du globe.

   d) les informations télévisées.

3. Pierre aimerait habiter:
   a) dans les pays de la Mer Baltique.

   b) en Allemagne.

   c) au Mexique.

   d) dans un pays où les hivers sont tièdes et les étés frais.

ANSWER

1) a   2) c   3) d

SUMMARY

Pierre Lemarchand est un météorologue à la retraite. Il vit avec sa femme Gilberte et leur chat, Ronron, dans une grande maison.

Il aimait beaucoup son travail, alors, il s'intéresse de près à la météo. Il suit les bulletins chaque jour, à la télévision. Il est curieux du temps qu'il fera en France, mais aussi en Europe et surtout de l'autre côté du globe.

Le couple a très peu voyagé: il n'a visité que l'Italie, la Suisse et l'Espagne.

Lorsqu'il fait chaud, Pierre et Gilberte restent à l'intérieur. Ils se reposent, puis lisent ou font des jeux.

Leur fille Sylvie leur a écrit du Mexique, où elle est en vacances avec sa famille: ils y ont très chaud.

Pierre n'aime ni la canicule, ni le temps glacial. Il rêve d'un pays où les étés seraient frais et les hivers tièdes, ce qui fait rire (rigoler) Gilberte.

VOCABULARY RECAP 3

un vieil homme - an old man

Il a quatre-vingt-cinq ans - He is eighty-five years old

retraité - retired

sa femme - his wife

leur chat - their cat

une grande maison - a big house

il ne sort pas - he doesn't go out

le jardin - the garden

météorologue - meteorologist

prévoir - to predict/to foresee

le temps - the weather

le soleil - the sun

briller - to shine

la pluie - the rain

manque (manquer) - miss (to miss)

son travail - his job

maintenant - now

s'intéresser - to take an interest

regarder - to watch

tous les jours - everyday

le bulletin météorologique - the weather report

midi - noon

soir - evening

deux fois par jour - twice a day

aujourd'hui - today

mois de juillet - month of July

un jour d'été - a day of summer

chaud - hot

la température - the temperature

ensoleillé - sunny

le ciel - the sky

sans nuages - cloudless

le thermomètre - the thermometer

l'ombre - a shadow

l'extérieur - outside

l'intérieur - inside

ils boivent (boire) - they drink (to drink)

eau - water

il allume (allumer) - he turns on (to turn on)

elle montre (montrer) - she shows (to show)

le pays - the country

la semaine - the week

la carte - the map

la femme - the woman

partout dans le monde - everywhere in the world

la partie - the part

connaître - to know

le climat - the climate

intéressant/intéressante - interesting (M/F)

il regarde (regarder) - he looks (to look)

prévisions - (weather) forecast

l'est - the east

gris - grey

couvert - overcast/dull

le soleil est caché - the sun is hidden

il pleut à verse - it is pouring down

vent - wind

élevées - high

orage - storm

la nuit prochaine - the coming night

j'aime (aimer) - I like (to like)

habiter - to live

a peur (avoir peur) - is afraid (to be afraid)

tonnerre - thunder

nord - north

froid - cold

même en été - even during summer

le pire - the worst

hiver - winter

sombre - dark

la saison - the season

des gelées (geler) - freeze (to freeze)

sol - ground

mouillé - wet

verglas - (black) ice

neiger - to snow

la grêle - the hail

une tempête - a storm/a high wind

il y a trois ans - three years ago

fenêtres - windows

le sud - the south

terminé (terminer) - finished (to finish)

il éteint (éteindre) - he turns off (to turn off)

l'après-midi - the afternoon

se reposer - to rest

un jeu de société - a board game

un livre - a book

à terminer - to complete

un roman d'espionnage - a spy novel

la fin - the end

deux chapitres - two chapters

jouer - to play

écrire - to write

le facteur - the postman

une carte postale - a postcard

un pays étranger - a foreign country

a été envoyée (envoyer) - was sent (to send)

la fille - the daughter

sa famille - her family

vacances - holidays

l'ouest - the West

il lit (lire) - he reads (to read)

chers parents - dear parents

dans la journée - during the day

lourd - heavy

orageux - stormy

sommes habitués (être habitué) - are used to (to be used to)

la chaleur - the heat

magnifique - beautiful

hors de la ville - outside the city

beaucoup - many

la nuit - the night

dormir - to sleep

se rafraîchit (se rafraîchir) - to get cooler

le ciel et les étoiles - the sky and the stars

embrasse (embrasser) - kiss (to kiss)

content - happy

heureux - glad

l'autre côté - the other side

ni... ni - neither, nor

quelques voyages - some traveling

uniquement - only

beaucoup de musées à visiter - many museums to visit

elle offre (offrir) - she offers (to offer)

la région - the region

elle adore (adorer) - she loves (to love)

le meilleur - the best

le matin - the morning

couvert - overcast/dull

la brume - mist

plus clair - clearer

de nouveau - again

brouillard - fog

sans parler du temps - the weather aside

Tu aimes le temps ? - Do you like the weather?

jamais - never

où - where

Je ne sais pas - I don't know

quelque part - somewhere

fou - crazy

à l'envers - in reverse

sans moi - without me

Aujourd'hui c'est un jour spécial pour **la famille** Dupont. Oui, c'est un jour **vraiment** très spécial **car** c'est **l'anniversaire** de Sophie. Et elle **fête** aujourd'hui ses douze ans. **Tout le monde** dans la maison est très impatient. Une grande **fête d'anniversaire** a été organisée et beaucoup d'invités sont attendus. Sophie est la plus **jeune** de la famille. C'est la dernière des enfants. Elle a **trois sœurs** et un frère. « Dans ma famille, il y a **un papa**, **une maman** et cinq enfants », peut dire Sophie.

la famille - the family

vraiment - really

car - because

l'anniversaire - the birthday

fête (fêter) - celebrates (to celebrate)

tout le monde - everybody

fête d'anniversaire - birthday party

jeune - young

trois sœurs - three sisters

un papa - a dad

une maman - a mom

Sophie est contente car elle a invité son **amie** Caroline. Caroline a douze ans elle aussi et c'est la **première fois** que la **jeune fille** rencontre la famille Dupont. Quand elle **sonne** à la porte, ce sont monsieur et madame Dupont qui lui ouvrent. « Bonjour, Caroline. Je suis Maurice, **le père** de Sophie. Et voici Anne, **ma femme.”**

"Bonjour Caroline, je suis Anne, **la mère** de Sophie. »

ami/ amie - friend (M/F)

première fois - first time

jeune fille - young girl

sonne (sonner) - rings (to ring)

le père - the father

ma femme - my wife

la mère - the mother

Caroline entre dans la maison et **les parents** de Sophie **préviennent** leur fille que sa copine est arrivée. Ensemble, les **deux filles** montent dans la chambre des enfants. **Le frère** et les sœurs jouent tous ensemble à un jeu de société. « Aujourd'hui, tu vas **rencontrer** toute ma famille ! », explique Sophie.

les parents - the parents

préviennent (prévenir) - let know (to let know)

deux filles - two girls

le frère - the brother

rencontrer - to meet

Plus tard dans la journée, tout le monde est enfin arrivé. Caroline est très impressionnée de voir **autant de** personnes dans une seule pièce de la maison. Sophie fait les présentations. « Voici Michel et Odette. Ce sont mon **grand-père** et ma **grand-mère** maternels. Ce sont le père et la mère de ma maman. Ils ont deux filles, mais **ils n'ont pas de fils**. Les deux sœurs se ressemblent beaucoup. » Sophie continue **ensuite** en **saluant** ses **grands-parents** paternels, le père et la mère de Maurice.

autant de - so many

grand-père - grandfather

grand-mère - grandmother

ils n'ont pas de fils - they don't have sons

ensuite - then

en saluant - by greeting

grands-parents - grandparents

Dans le salon, Sophie dit bonjour à son **oncle** Paul et sa **tante** Charlotte. Charlotte est la **sœur** de sa mère, **donc,** la fille de Michel et Odette et la sœur d'Anne. Paul est **le beau-frère** d'Anne. Charlotte **travaille** dans un hôpital et elle est **enceinte**. L'enfant **à naître** sera une fille ou un garçon. **Les conjoints** ne le savent pas encore.

oncle - uncle

tante - aunt

sœur - sister

donc - so

beau-frère - brother-in-law

travaille (travailler) - work (to work)

est enceinte (être enceinte) - is pregnant (to be pregnant)

à naître - to be born

les conjoints - the married/spouses

Paul, le **mari**, est **professeur dans une école**. Avec son **épouse**, ils ont déjà trois enfants : deux garçons et une fille. Ce sont les cousins et **la cousine** de Sophie. « Tu as des **cousins** ?, demande Sophie à Caroline.

- Je n'ai pas de cousins, mais j'ai une cousine. Ses parents se sont mariés très jeunes et ils ont **divorcé** il y a un an. Ma cousine est très gentille, mais elle n'aime pas sa **belle-mère**. Elle a un **animal domestique**: un chat.

- Je préfèrerais avoir **un chien**, **un oiseau** ou **un poisson** », répond Sophie.

mari - husband

professeur dans une école - teacher in a school

époux /épouse - spouse(M/F)

le cousin/ la cousine - the cousin (M/F)

les cousins - the cousins

divorcés - divorced

belle-mère - stepmother

animal domestique - pet

un chien - a dog

un oiseau - a bird

un poisson - a fish

Nicolas vient voir les deux amies. **Le jeune homme** est le neveu de Maurice. C'est **le fils** de Jacques, qui est **le frère** de Maurice. Nicolas est donc un autre cousin de Sophie. « Je n'ai pas de frère et je n'ai pas de sœur. **Je suis fils unique**, dit-il en se présentant. Mais j'**aurais voulu** avoir **un frère jumeau** ! ».

le jeune homme - the young man

le fils - the son

le frère - the brother

Je suis fils unique - I am an only child

aurais voulu (vouloir) - would have liked (to want)

un frère jumeau - a twin brother

C'est l'heure de **se mettre à table** pour manger **le gâteau d'anniversaire**. Sophie s'assoit à côté de son amie, de ses cousins et de **la belle-sœur** de son père. **De l'autre côté** de la table, il y a ses grands-parents, ses parents et ses **oncles et tantes**.

Tous sont heureux pour Sophie.

se mettre à table - to sit down at the table

le gâteau d'anniversaire - the birthday cake

la belle-sœur - the sister-in-law

de l'autre côté - on the other side

oncles et tantes - uncles and aunts

Après avoir mangé le gâteau et avant d'ouvrir **les cadeaux**, Sophie demande à Caroline de lui parler de sa famille. « Dans ma famille, **j'ai** un frère et une sœur **cependant** je n'ai pas de grands-parents. Mes **arrière-grands-parents** sont toujours **vivants**, et j'espère qu'ils ne vont pas bientôt **mourir**. Mon **arrière-grand-père** s'appelle Jean et sa femme, mon **arrière-grand-mère**, s'appelle Huguette. Ils ont des **petits-enfants** et des arrière-petits-enfants maintenant. Nous sommes une grande famille ! »

les cadeaux (m) - the gifts

J'ai (avoir) - I have (to have)

cependant - however

arrière-grands-parents - great-grandparents

vivant - alive

mourir - to die

arrière-grand-père - great-grandpa

arrière-grand-mère - great-grandma

petits-enfants - grandchildren

Le gâteau est fini. Sophie en a mangé deux **parts.** Son frère a préféré **les bonbons**. « **J'aime** le gâteau, il est bon !, dit Sophie à Caroline. Mais **je n'aime pas** le jus d'orange, je vais boire de l'eau.

- 'Tu **ouvres** tes cadeaux ensuite ? », **demande** Caroline.

Il y a **beaucoup** de cadeaux à ouvrir et Caroline espère que **le sien** va **plaire à** son amie.

parts (f) - slices

les bonbons (m) - the candy

j'aime - I like

je n'aime pas - I don't like

ouvres (ouvrir) - open (to open)

demande (demander) - asks (to ask)

beaucoup - many

le sien - her own

plaire à - to please

On sonne de nouveau à la porte. **La nièce** de Maurice et **le neveu** d'Anne sont les plus **étonnés**. « Tout le monde est déjà là ! », disent-ils. **La mère** de Sophie va voir à la porte. Ce n'est pas **un parent**, c'est **le voisin**, Monsieur Durand, qui a sonné. Il sait que c'est l'anniversaire de Sophie aujourd'hui. Il veut se joindre à la fête et il **a apporté** un cadeau. L'homme est venu tout **seul**. Il est **marié** et son épouse a **deux enfants**, Louis et Kévin. Ce sont les enfants d'un **premier mariage**. Monsieur Durand est donc **le beau-père** de Louis et Kévin.

la nièce - the niece

le neveu - the nephew

étonnés - surprised

la mère - the mother

un parent - a parent

le voisin - the neighbor

a apporté - brought (to bring)

seul - alone

marié - married

deux enfants - two children

premier mariage - first marriage

le beau-père - the stepfather

Sophie **remercie** Monsieur Durand pour son cadeau. « Regardez le beau **cadre-photo** que le voisin m'a offert ! Je vais mettre dedans une photographie de toute la famille !

- Pour mettre une photo de toute la famille, il faut d'abord en prendre une ! », dit la maman de Sophie **en souriant.** C'est une bonne idée de faire une photo de famille. **Dehors**, il fait beau. Le soleil brille et le ciel est bleu, **sans nuages.** Tout le monde se rassemble dans **le jardin**, derrière **la maison. Les plus jeunes** s'assoient par terre, dans **l'herbe**. Les grands-parents s'assoient derrière les petits-enfants, sur des **chaises**. Les autres **adultes** se placent **debout.**

remercie (remercier) - thanks (to thank)

cadre-photo - picture frame

en souriant - while smiling

dehors - outside

sans nuages - cloudless

le jardin - the garden

la maison - the house

les plus jeunes - the youngest

l'herbe - the grass

chaises - chairs

adultes - adults

debout - standing

Tout le monde est prêt pour la photo mais il manque quelqu'un ! « Où sont Sophie et Caroline ? », demande l'oncle à sa **belle-fille. Ses gendres** ne le savent pas. Maurice s'inquiète. **Les beaux-parents** d'Anne aussi. Mais Sophie et Caroline arrivent pour la photo. C'est bon, tout le monde est présent cette fois-ci ! « Souriez !, dit le voisin, votre photo de famille va être très réussie ! »

belle-fille - daughter-in-law

les gendres - sons-in-law

les beaux-parents - in-laws

QUIZ

1. Pourquoi est-ce un jour spécial, chez les Dupont?
   a) C'est l'anniversaire de Sophie, qui a douze ans.

   b) C'est le mariage du grand frère de Sophie.

   c) C'est Noël et toute la famille est réunie.

   d) Maurice et Anne fêtent leur vingt ans de mariage.

2. Qui sont Michel et Odette?
   a) Les grands-parents paternels de Sophie.

   b) Les grands-parents maternels de Sophie.

   c) Les parents de Maurice.

   d) Les arrières-grands-parents de Caroline.

3. Pourquoi le voisin Monsieur Durand sonne-t-il à la porte?
   a) Pour dire aux Dupont qu'ils font trop de bruit.

   b) Pour faire la connaissance de toute la famille.

   c) Pour inviter Sophie et ses frères et sœurs à l'anniversaire de Louis et Kevin, ses beaux-enfants.

   d) Pour apporter un cadeau à Sophie.

ANSWER

1) a   2) b   3) d

SUMMARY

Sophie Dupont a 12 ans aujourd'hui. Alors, ses parents, ses trois sœurs et son frère lui ont préparé une belle fête d'anniversaire.

Les grands-parents, les oncles et les tantes, les cousins et cousines ont été invités. Mais Sophie a aussi invité Caroline, sa meilleure amie. Même le voisin, M. Durand, se joindra plus tard à la fête.

Maurice et Anne, les parents de Sophie, accueillent tout le monde.Sophie présente toute sa famille à son amie.

Quand tous sont arrivés, on peut manger le gâteau d'anniversaire et Sophie peut ouvrir ses cadeaux. Comme le voisin lui a offert un beau cadre, Sophie souhaite y mettre une photo de toute la famille.

Aussitôt dit, aussitôt fait, tous vont dans le jardin pour une belle photo de famille. Quelle belle journée!

Sophie et Caroline se souviendront de ce bel anniversaire.

VOCABULARY RECAP 4

la famille - the family

vraiment - really

car - because

l'anniversaire - the birthday

fête (fêter) - celebrates (to celebrate)

tout le monde - everybody

fête d'anniversaire - birthday party

jeune - young

trois sœurs - three sisters

un papa - a dad

une maman - a mom

ami/ amie - friend (M/F)

première fois - first time

jeune fille - young girl

sonne (sonner) - rings (to ring)

le père - the father

ma femme - my wife

la mère - the mother

les parents - the parents

préviennent (prévenir) - let know (to let know)

deux filles - two girls

le frère - the brother

rencontrer - to meet

autant de - so many

grand-père - grandfather

grand-mère - grandmother

ils n'ont pas de fils - they don't have sons

ensuite - then

en saluant - by greeting

grands-parents - grandparents

oncle - uncle

tante - aunt

sœur - sister

donc - so

beau-frère - brother-in-law

travaille (travailler) - work (to work)

est enceinte (être enceinte) - is pregnant (to be pregnant)

à naître - to be born

les conjoints - the married/spouses

mari - husband

professeur dans une école - teacher in a school

époux /épouse - spouse(M/F)

le cousin/ la cousine - the cousin (M/F)

les cousins - the cousins

divorcés - divorced

belle-mère - stepmother

animal domestique - pet

un chien - a dog

un oiseau - a bird

un poisson - a fish

le jeune homme - the young man

le fils - the son

le frère - the brother

Je suis fils unique - I am an only child

aurais voulu (vouloir) - would have liked (to want)

un frère jumeau - a twin brother

se mettre à table - to sit down at the table

le gâteau d'anniversaire - the birthday cake

la belle-sœur - the sister-in-law

de l'autre côté - on the other side

oncles et tantes - uncles and aunts

les cadeaux (m) - the gifts

J'ai (avoir) - I have (to have)

cependant - however

arrière-grands-parents - great-grandparents

vivant - alive

mourir - to die

arrière-grand-père - great-grandpa

arrière-grand-mère - great-grandma

petits-enfants - grandchildren

parts (f) - slices

les bonbons (m) - the candy

j'aime - I like

je n'aime pas - I don't like

ouvres (ouvrir) - open (to open)

demande (demander) - asks (to ask)

beaucoup - many

le sien - her own

plaire à - to please

la nièce - the niece

le neveu - the nephew

étonnés - surprised

la mère - the mother

un parent - a parent

le voisin - the neighbor

a apporté - brought (to bring)

seul - alone

marié - married

deux enfants - two children

premier mariage - first marriage

le beau-père - the stepfather

remercie (remercier) - thanks (to thank)

cadre-photo - picture frame

en souriant - while smiling

dehors - outside

sans nuages - cloudless

le jardin - the garden

la maison - the house

les plus jeunes - the youngest

l'herbe - the grass

chaises - chairs

adultes - adults

debout - standing

belle-fille - daughter-in-law

les gendres - sons-in-law

les beaux-parents - in-laws

HISTOIRE/STORY 5 : UNE BELLE MAISON FAMILIALE

Clara et Sébastien sont **un jeune couple**. Ils sont ensemble depuis deux ans et **se connaissent** depuis cinq ans. Ils veulent **se fiancer** l'année prochaine et **se marier** ensuite. Ils **rêvent de fonder une famille** et d'avoir des enfants. Pour l'instant, les deux **amoureux** souhaitent emménager ensemble. C'est pour cela qu'ils visitent **des maisons** en location. Clara et Sébastien **font appel** à une agence spécialisée.

un jeune couple - a young couple

se connaissent (connaître) - know each other (to know)

se fiancer - to get engaged

se marier - to get married

rêvent (rêver) - dream (to dream)

fonder une famille - to start a family

amoureux - lovers

des maisons - houses

font appel (faire appel) - call on (to call on)

Le couple est jeune. Clara **travaille** dans une **bibliothèque** et Sébastien est **chauffeur de camions**. Pour l'instant, chacun habite dans **son propre appartement**. Ils cherchent une grande maison **meublée** pour vivre **ensemble**. Clara veut une maison avec **un bureau** et Sébastien veut une maison avec **une cave**. L'agence de location leur propose de **visiter** une maison qui correspond à leur recherche.

elle travaille (travailler) - she works (to work)

bibliothèque (f) - library

chauffeur de camions (m) - truck driver

son propre appartement - his/her own apartment (M/F)

meublé/meublée - furnished (M/F)

ensemble - together

un bureau - an office

une cave - a cellar

visiter - to visit

Le rendez-vous avec **la femme** de l'agence est à quinze heures. Le couple est un petit peu en avance sur le lieu de rendez-vous, **devant** la maison. Clara regarde **la façade** : elle la trouve très belle, avec **des murs** de **pierres** peints en rouge et un joli **toit** de tuiles **sombres**. La maison a **un étage**. Sébastien voit qu'il y a **un jardin** devant la maison, avec de **l'herbe**. Il espère que le jardin **se prolonge derrière** la maison et qu'il y a aussi **des arbres**.

la femme - the woman

devant - in front of

la façade - the facade

des murs - walls

pierres - stones

le toit - roof

sombres - dark

un étage - a floor

un jardin - a garden

l'herbe - the grass

se prolonge (se prolonger) - continues (to continue)

derrière - behind

des arbres - trees

La femme de l'agence s'appelle Catherine. Elle se présente et explique au couple que **le loyer** est dans la **gamme de prix** recherchée. Clara et Sébastien sont **contents** de cette première **bonne nouvelle**. Les trois personnes **entrent** dans la maison. Dans l'entrée, il y a **des placards** pour **ranger** les **manteaux** et les **chaussures**. Il y a aussi **l'escalier** qui monte à l'étage. L'entrée forme un petit **couloir** qui ouvre sur **trois pièces : le salon** à droite, la bibliothèque à gauche et **la cuisine** au fond.

le loyer - the rent

gamme de prix - price range

être content - to be happy

bonne nouvelle - good news

ils entrent (entrer) - they enter (to enter)

des placards - cupboards

ranger - to put away

manteaux - coats

chaussures - shoes

l'escalier - the stairs

couloir - corridor

trois pièces - three rooms

le salon - the living room

la cuisine - the kitchen

Catherine commence par leur **montrer** le salon. Il est assez grand et il y a **une cheminée**. Le canapé et **deux fauteuils** sont **devant** la **cheminée**. Un beau et large **tapis** recouvre **le sol**. Au **plafond**, il y a un **lustre** magnifique. Catherine **allume la lumière** pour montrer que le lustre éclaire bien toute la pièce. **La**

fenêtre du salon donne sur le petit jardin devant la maison et sur **la rue**. Catherine explique que **le quartier** est très calme.

montrer - to show

une cheminée - a fireplace

deux fauteuils - two armchairs

devant - in front of

la cheminée - the fireplace

tapis - carpet

le sol - the floor/the ground

plafond - ceiling

un lustre - ceiling light/chandelier

allumer la lumière - to turn on the lights

la fenêtre - the window

la rue - the street

le quartier - district ("neighborhood" in this context)

Clara et Sébastien vont ensuite voir la bibliothèque. La pièce est **aussi grande que le salon**. Tous les murs sont recouverts d'**étagères**. Les étagères sont **vides** pour le moment. « Tu pourras ranger tous tes **livres** ! », dit Clara à son compagnon. La bibliothèque sert aussi de **lieu** pour travailler. Contre le mur se trouve **un bureau** avec **une chaise**. À côté il y une belle **horloge** qui donne l'heure exacte, à la seconde près. « C'est parfait, je mettrai mon **ordinateur** sur le bureau ! », dit Clara.

aussi grande que le salon - as big as the living room

étagères - shelves

vide - empty

livres - books

lieu - place

un bureau - a desk

une chaise - a chair

horloge - clock

ordinateur - computer

Dans **la cuisine**, Catherine explique que tout **l'électroménager** est **loué** avec la maison. **Le frigo** marche très bien et **le micro-onde** aussi. Il y a également **un four,** mais pas de **lave-vaisselle**. Par contre, Sébastien observe que **l'évier** est très grand. Sous l'évier, il y a des placards. Dans la cuisine, il y a **une porte** qui descend à la cave. Sébastien est heureux **car c'est ce qu'il voulait**. Le jeune homme aime **bricoler** et il pense **installer son atelier** et ses **outils** dans la cave. Catherine leur indique qu'il y a **un congélateur** et un endroit pour ranger **les poubelles**. La cave **ouvre** directement sur le jardin.

la cuisine - the kitchen

l'électroménager - the household appliances

loué - rented

le frigo - the fridge

le micro-onde - the microwave

un four - an oven

le lave-vaisselle - the dishwasher

l'évier - the sink

une porte - a door

car c'est ce qu'il voulait - because that's what he wanted

bricoler - to tinker with

installer - to install

son atelier - his workshop

outils - tools

un congélateur - a freezer

les poubelles - the rubbish bin / trash can

ouvrir - to open

Catherine fait ensuite **monter** le couple à l'étage. **Les marches** de l'escalier sont **en bois**. Une fois **en haut,** la femme montre d'abord **la chambre,** avec le grand **lit** pour deux personnes et **l'armoire**. « **Le linge de maison** n'est pas fourni, explique Catherine. Il faudra **apporter** vos **draps**, votre **couverture** ou votre **couette**, vos **oreillers** et vos **serviettes** de toilette. » Clara pense acheter un joli **couvre-lit**, des **rideaux** pour la fenêtre et installer sa **machine à coudre** dans le coin de la chambre.

monter - to climb (the stairs)

les marches - the steps

en bois - in wood

en haut - upstairs

la chambre - the bedroom

lit - bed

l'armoire - the wardrobe

le linge de maison - the household linen

apporter - to bring

draps - sheets

couverture - blanket

la couette - duvet

oreillers (m) - pillows

serviettes (f) - towels

couvre-lits (m) - bedspreads

rideaux (m) - curtains

machine à coudre (f) - sewing machine

La salle de bain se trouve **en face de** la chambre, de **l'autre côté** d'un petit **couloir.** « C'est une salle de bain avec **une baignoire,** ce qui est **pratique** pour prendre des bains et des douches. Il y a un porte-**savon** et une petite étagère pour poser **le shampoing** », dit Catherine. Sébastien voit qu'il y a un grand **miroir** au-dessus du **lavabo** et **une machine à laver** près d'**une** petite **penderie**. Clara voit qu'il y a **une prise électrique** près du miroir, pratique pour **brancher** le **sèche-cheveux**. « **Les toilettes** de la maison sont dans une pièce séparée de la salle de bain », dit Catherine en ouvrant la porte suivante.

la salle de bain - the bathroom

en face de - opposite/across from

l'autre côté - the other side

couloir (m) - corridor

une baignoire - a bathtub

pratique - convenient

savon - soap

le shampoing - the shampoo

miroir (m) - mirror

lavabo (m) - washbasin

une machine à laver - a washing machine

une penderie - a wardrobe/a closet

une prise électrique - a socket/an outlet

brancher - to plug

sèche-cheveux (m) - hair dryer

les toilettes - the toilets

La dernière pièce de l'étage est une pièce vide, sans **meubles**. Au sol, il y a de la **moquette**. « Vous pouvez faire de cette salle ce que vous voulez, dit Catherine.

- Peut-être une **salle de jeu**», pense Sébastien .

- Ou **une chambre d'enfant** », dit Clara.

La jeune femme imagine déjà **les poupées** et les jeux sur la moquette. La pièce a une large fenêtre qui ouvre sur **un balcon**. Le balcon donne sur le jardin à l'arrière de la maison.« Allons voir le jardin, **maintenant** ! », propose Catherine.

la dernière - the last

meubles (m) - furniture

moquette (f) - carpet

salle de jeu (f) - playroom

une chambre d'enfant - a child's room

poupées (f) - dolls

un balcon - a balcony

maintenant - now

Sébastien est **content** de voir que le jardin a une belle **pelouse** bien verte et deux grands arbres pour faire de **l'ombre** l'été. Le jeune homme imagine mettre **une table** de jardin et des chaises, sous l'arbre, pour prendre des déjeuners en famille les jours où le temps est ensoleillé. Clara a une belle **nappe** chez elle, qu'elle n'utilise pas et qui serait parfaite.

content - happy

pelouse (f) - lawn

l'ombre - the shadow

une table - a table

nappe - tablecloth

Clara et Sébastien ont visité toute la maison. Catherine leur explique qu'il y a aussi **le chauffage central**, des **voisins** charmants et que la maison est **libre** tout de suite. Le couple est content, mais il **a besoin** de **réfléchir**. C'est une décision importante et il faudra organiser **le déménagement**. « Pas de problème, leur dit Catherine, Vous avez le temps pour vous décider. Je vous laisse ma carte de visite avec mon **numéro** de téléphone. Appelez-moi quand vous aurez fait votre **choix** ! »

le chauffage central - the central heating

voisins - neighbors

libre - available

a besoin (avoir besoin) - need (to need)

réfléchir - to think

le déménagement - the move

numéro - number

choix - choice

QUIZ

1. Clara et Sébastien veulent trouver une maison à louer:
    a) Parce qu'ils sont obligés de quitter leurs appartements.

    b) Parce qu'ils veulent changer de quartier.

    c) Parce qu'ils veulent bientôt se marier.

    d) Parce qu'ils sont trop loin de leur travail.

2. Quelle pièce est éclairée par un lustre magnifique?
    a) La chambre.

    b) La bibliothèque.

    c) Le salon.

    d) La pièce vide à l'étage.

3. Pourquoi Clara et Sébastien ont-ils besoin de réfléchir?
    a) Ils n'aiment pas vraiment la maison.

    b) La maison est un peu loin de leur lieu de travail.

    c) La maison est très grande, les frais de chauffage vont être élevés.

    d) Ils doivent savoir comment s'organiser pour leur déménagement.

ANSWER

1) c   2) c   3) d

SUMMARY

Clara et Sébastien se connaissent depuis longtemps. Ils sont en couple depuis deux ans, mais jusqu'alors ils vivaient chacun dans leur appartement.

Ils cherchent maintenant une grande maison pour s'installer ensemble, se marier et fonder une famille.

Ils souhaitent avoir un bureau et une cave.

Catherine, l'employée de l'agence immobilière, leur fait visiter une maison qui correspond bien à leurs attentes. Le loyer est également dans leurs prix.

Le rez-de-chaussée comporte une entrée, un salon, une bibliothèque et une cuisine. Il y a des rangements et des étagères un peu partout. Le salon est éclairé par un superbe lustre et il est très confortable. La cuisine est entièrement équipée. Un escalier mène à la cave.

A l'étage, on trouve une chambre, avec un lit et une armoire. Une salle de bains avec une baignoire. Des WC séparés. Et une petite pièce vide qui pourrait être un jour une chambre d'enfant.

Un beau jardin arboré à l'arrière de la maison leur plaît beaucoup. Clara et Sébastien aiment beaucoup cette maison. Mais il leur faut un peu de temps pour réfléchir, notamment au déménagement. Catherine leur dit de prendre leur temps.

VOCABULARY RECAP 5

un jeune couple - a young couple

se connaissent (connaître) - know each other (to know)

se fiancer - to get engaged

se marier - to get married

rêvent (rêver) - dream (to dream)

fonder une famille - to start a family

amoureux - lovers

des maisons - houses

font appel (faire appel) - call on (to call on)

elle travaille (travailler) - she works (to work)

bibliothèque (f) - library

chauffeur de camions (m) - truck driver

son propre appartement - his/her own apartment (M/F)

meublé/meublée - furnished (M/F)

ensemble - together

un bureau - an office

une cave - a cellar

visiter - to visit

la femme - the woman

devant - in front of

la façade - the facade

des murs - walls

pierres - stones

le toit - roof

sombres - dark

un étage - a floor

un jardin - a garden

l'herbe - the grass

se prolonge (se prolonger) - continues (to continue)

derrière - behind

des arbres - trees

le loyer - the rent

gamme de prix - price range

être content - to be happy

bonne nouvelle - good news

ils entrent (entrer) - they enter (to enter)

des placards - cupboards

ranger - to put away

manteaux - coats

chaussures - shoes

l'escalier - the stairs

couloir - corridor

trois pièces - three rooms

le salon - the living room

la cuisine - the kitchen

montrer - to show

une cheminée - a fireplace

deux fauteuils - two armchairs

devant - in front of

la cheminée - the fireplace

tapis - carpet

le sol - the floor/the ground

plafond - ceiling

un lustre - ceiling light/chandelier

allumer la lumière - to turn on the lights

la fenêtre - the window

la rue - the street

le quartier - district ("neighborhood" in this context)

aussi grande que le salon - as big as the living room

étagères - shelves

vide - empty

livres - books

lieu - place

un bureau - a desk

une chaise - a chair

horloge - clock

ordinateur - computer

la cuisine - the kitchen

l'électroménager - the household appliances

loué - rented

le frigo - the fridge

le micro-onde - the microwave

un four - an oven

le lave-vaisselle - the dishwasher

l'évier - the sink

une porte - a door

car c'est ce qu'il voulait - because that's what he wanted

bricoler - to tinker with

installer - to install

son atelier - his workshop

outils - tools

un congélateur - a freezer

les poubelles - the rubbish bin / trash can

ouvrir - to open

monter - to climb (the stairs)

les marches - the steps

en bois - in wood

en haut - upstairs

la chambre - the bedroom

lit - bed

l'armoire - the wardrobe

le linge de maison - the household linen

apporter - to bring

draps - sheets

couverture - blanket

la couette - duvet

oreillers (m) - pillows

serviettes (f) - towels

couvre-lits (m) - bedspreads

rideaux (m) - curtains

machine à coudre (f) - sewing machine

la salle de bain - the bathroom

en face de - opposite/across from

l'autre côté - the other side

couloir (m) - corridor

une baignoire - a bathtub

pratique - convenient

savon - soap

le shampoing - the shampoo

miroir (m) - mirror

lavabo (m) - washbasin

une machine à laver - a washing machine

une penderie - a wardrobe/a closet

une prise électrique - a socket/an outlet

brancher - to plug

sèche-cheveux (m) - hair dryer

les toilettes - the toilets

la dernière - the last

meubles (m) - furniture

moquette (f) - carpet

salle de jeu (f) - playroom

une chambre d'enfant - a child's room

poupées (f) - dolls

un balcon - a balcony

maintenant - now

content - happy

pelouse (f) - lawn

l'ombre - the shadow

une table - a table

nappe - tablecloth

le chauffage central - the central heating

voisins - neighbors

libre - available

a besoin (avoir besoin) - need (to need)

réfléchir - to think

le déménagement - the move

numéro - number

choix - choice

HISTOIRE/STORY 6 : UN DIMANCHE DANS LA NATURE

Ben est **un amoureux de la nature**. Depuis qu'il est enfant, il aime **les animaux**, il aime observer **les arbres** et il collectionne **les fleurs**. Le jeune homme se sent très concerné par **l'environnement** et **le réchauffement climatique**. Il pense que les humains vivent sur une planète qu'il faut **protéger**. Les Hommes doivent **faire attention** à leur monde et le préserver pour les générations futures.

un amoureux de la nature - a nature lover

les animaux - the animals

les arbres - the trees

les fleurs - the flowers

l'environnement - the environment

le réchauffement climatique - global warming

protéger - to protect

faire attention - to pay attention

Aujourd'hui, nous sommes **dimanche**. C'est le week-end et Ben ne **travaille** pas. Comme le temps est agréable et que **le soleil brille** dehors, le jeune homme décide de faire une marche en **forêt**. Ben n'a pas de **voiture**. Il pense que les voitures sont trop polluantes et que **la pollution** est mauvaise pour **l'atmosphère**. Ben essaye de ne pas **gaspiller**, de **recycler** ses déchets et de ne pas **polluer**.

dimanche - Sunday

il travaille (travailler) - he works (to work)

le soleil brille - the sun shines

forêt - forest

voiture - car

la pollution - the pollution

l'atmosphère - the atmosphere

gaspiller - to waste

recycler - to recycle

polluer - to pollute

Ben aime beaucoup marcher, mais **aujourd'hui** il prend son **vélo**. Le jeune homme est sportif et les **longues promenades** ne lui **font pas peur**. Il commence par sortir de **la ville** pour aller dans **la campagne**. Ben prend des petites **routes** et des chemins de terre. Il veut **aller** en forêt. Hors de la ville, Ben respire mieux car il n'y a pas **le monoxyde de carbone** des villes. Dans **le ciel**, il y a beaucoup de **nuages**. Ben espère qu'il n'y aura ni **pluie** ni **tempête**.

aujourd'hui - today

vélo - bike

longues promenades - long walks

font pas peur (faire peur) - don't scare (to scare)

la ville - the city

la campagne - the countryside

routes - roads

aller - to go

monoxyde de carbone - carbon monoxide

le ciel - the sky

nuage - cloud

pluie - rain

tempête - storm

Sur **le chemin**, Ben croise d'autres cyclistes et des **promeneurs**. À chaque fois, les gens disent 'Bonjour !' et Ben les salue en retour. Certains des promeneurs ont des fleurs dans **les mains** pour faire un bouquet. Dans la campagne, il est facile de **ramasser des fleurs** et des **herbes** sur **le sol**. La nature est comme un grand **jardin** ouvert à tout le monde et où il n'y a pas besoin de **semer** des **graines**.

le chemin - the path

promeneurs - walkers

les mains - the hands

ramasser des fleurs - to pick up flowers

herbe - grass

le sol - the ground/the soil

jardin - garden

semer - to plant/to sow

graines - seeds

Après avoir traversé la campagne, Ben arrive près d'**une rivière**. Le **paysage** est joli, mais Ben sait que, plus loin, il y a des **marais**. Le garçon ne veut pas aller dans les marais car il y fait **sombre** et il n'y a rien à voir d'**intéressant**. En plus, les marais sont **pollués**. Certaines personnes viennent déposer leurs **déchets** au lieu de se rendre à la déchetterie. Pourtant, la **déchetterie** n'est pas loin de la ville et il est possible de tout **recycler** : le **verre**, le **plastique**, le **caoutchouc** et même les déchets **organiques**.

une rivière - a river

paysage - landscape

marais - swamp

sombre - dark

intéressant - interesting

pollué - polluted

déchets - waste/garbage

déchetterie - recycling center

recycler - to recycle

verre - glass

plastique - plastic

caoutchouc - rubber

organique - organic

Ben pense que **le recyclage** est **une très bonne chose**. Il **trie** ses déchets dans les différentes **poubelles** et il va à la déchetterie pour les plus gros objets. « Avec le recyclage, les matériaux sont **réutilisés**, explique souvent Ben à ses amis, Il n'y a pas de perte et c'est bon pour **la couche d'ozone** ! » Tous les amis de Ben ne pensent pas que **les ressources** naturelles de la Terre sont limitées et qu'il leur faut **réduire** leur consommation.

le recyclage - the recycling

une très bonne chose - a very good thing

trier - to sort

poubelles - dustbins/trash cans

réutilisés - reused

la couche d'ozone - the ozone layer

ressource - resource

réduire - to reduce

Dans **la vallée**, le jeune homme se sent isolé du **monde.** Au loin, il y a **les montagnes** et Ben sait qu'il y a aussi **un glacier**. L'hiver, cette région est très froide et le sol est **gelé**. Les **arbustes** par ici sont donc très résistants, avec des **feuilles** qui ne tombent pas **en hiver**. Le garçon pense qu'il y a également **un lac** ou peut-être **un étang** dans les montagnes. C'est à cause du réchauffement climatique : quand **la neige fond**, l'eau ne s'écoule pas jusqu'au **fleuve** et forme une réserve.

la vallée - the valley

le monde - the world

les montagnes - the mountains

un glacier - a glacier

geler - to freeze

arbustes - bushes

feuille - leaf

en hiver - in winter

un lac - a lake

un étang - a pond

la neige - the snow

fondre - to melt

fleuve - river

La forêt n'est plus très loin et Ben est **presque** arrivé à destination. Il doit **pédaler** encore un peu et commence à être fatigué. Il décide donc de faire **une petite pause**, pour reprendre des forces. Le jeune homme s'assoit dans l'herbe et sort sa **bouteille d'eau**. Boire lui fait du bien. Ben **mange** aussi un gâteau, mais il ne jette pas **le papier d'emballage** par terre. Non, il met le papier dans **sa poche**. « Je le jetterai à la poubelle **plus tard** ! », se dit-il.

la forêt - the forest

presque - almost

pédaler - to pedal

une petite pause - a little break

bouteille d'eau - bottle of water

manger - to eat

le papier d'emballage - the wrapping paper

poche - pocket

plus tard - later

Pendant sa pause, Ben pense à **la plage**. Il n'y a pas de plage dans sa ville, car **Ben habite loin** de **la mer**. Mais le jeune homme aime **l'océan**. Il veut vivre dans **une maison** sur la plage pour regarder **les marées** le jour et **les étoiles** dans le ciel la nuit. Ben est **un rêveur**. Peut-être qu'un jour son rêve se réalisera. Ben souhaite aussi **aider** les entreprises qui utilisent des **énergies renouvelables**, ou peut-être créer **sa propre entreprise**. Après avoir pensé au futur, Ben reprend son vélo.

la plage - the beach

Ben habite loin de... - Ben lives far away from...

la mer - the sea

l'océan - the ocean

une maison - a house

la marée - the tide

les étoiles - the stars

un rêveur - a dreamer

aider - to help

énergies renouvelables - renewable energies

sa propre entreprise - his own company

Le garçon arrive **enfin** dans la forêt. C'est **un endroit** que Ben **connaît** très bien car il y vient **souvent**. Il connaît les chemins et les différents arbres. Il sait aussi où trouver **des champignons** quand c'est la bonne **saison**. Il y a des animaux dans cette forêt, **des cerfs** et des biches. Ben en a déjà vu. Mais il n'a **jamais** vu de troll ! Les parents **racontent** souvent que les forêts sont magiques, mais Ben **pense** que celle-ci est une forêt normale.

enfin - finally

un endroit - a place

connaître - to know

souvent - often

champignon - mushroom

saison - season

cerf - deer

jamais - never

raconter - to tell

penser - to think

Sur le chemin du retour, Ben rencontre **un fermier**. L'homme possède une ferme **écologique** et il est très **gentil**. Il invite Ben à visiter la ferme et lui propose des fruits et des **légumes**. « Ils sont tous garantis **bio** et **sans pesticides** ! », dit le fermier. Ben est content car les légumes sont beaux et semblent très bons. Il les mangera ce soir. **En revenant chez lui**, le jeune homme pense au **repas** qu'il va préparer. Il se dit aussi que cette journée était très **agréable**. « Et je reviendrai voir le fermier **dimanche prochain** ! »

un fermier - a farmer

écologique - ecological

gentil - nice

légumes - vegetables

bio - organic

sans pesticides - without pesticides

en revenant chez lui - on his way home

repas - meal

agréable - pleasant

dimanche prochain - next Sunday

QUIZ

1. Pourquoi peut-on dire que Ben est un véritable écologiste?

   a) Il va se promener en forêt le dimanche.

   b) Il aime la nature et les animaux.

   c) Il aime les produits bio.

   d) Il fait tout ce qu'il peut pour protéger et préserver l'environnement, pour ne pas gaspiller ni polluer. Il recycle tout ce qui peut l'être.

2. Les marais ne sont pas attrayants:

   a) Parce qu'il sont humides.

   b) Parce qu'ils sont isolés, déserts et même dangereux.

   c) Parce qu'ils sont pollués et sombres.

   d) Parce qu'il faut une barque pour s'y promener.

3. Ben aimerait vivre au bord de la mer:

   a) Pour pouvoir se baigner chaque jour.

   b) Pour avoir une vie agréable.

   c) Pour observer les marées et les étoiles.

   d) Pour naviguer à bord de son yacht.

ANSWER

1) d   2) c   3) c

SUMMARY

Ben est un écologiste dans l'âme. Il aime la nature et les animaux, il veille à ne pas salir et polluer l'environnement.

Le dimanche, quand il fait beau, Ben programme une balade en forêt. Mais la forêt est assez loin de chez lui. Il s'y rend donc en vélo. Il traverse la campagne, loin de la pollution des villes, et le bon air lui fait du bien.

Sur le chemin, il croise des promeneurs qui font des bouquets de fleurs. La nature est un grand jardin généreux qui n'a pas besoin d'être cultivé.

Il arrive ensuite près des marais. Mais il les évite, car ils sont sombres et pollués: certaines personnes les prennent pour une décharge!

Après une courte pause, où il boit et mange un peu, Ben arrive enfin dans la forêt. Il la connaît bien et y croise souvent des animaux sauvages. Sur le chemin du retour, Ben rencontre un agriculteur écologiste: celui-ci lui propose de visiter sa ferme et lui offre des fruits et légumes bio. Ben est ravi de pouvoir en profiter dès son retour à la maison.

C'est sûr, il reviendra voir le fermier dès la semaine suivante, pour lui acheter ses produits.

Ben est un rêveur. Savez-vous ce qu'il aimerait? Vivre un jour au bord de la mer, pour pouvoir observer à loisir les marées, le jour, et les étoiles, la nuit, loin de toute pollution lumineuse.

Quant à son futur métier, il aimerait qu'il soit en rapport avec la protection de l'environnement, bien sûr!

VOCABULARY RECAP 6

un amoureux de la nature - a nature lover

les animaux - the animals

les arbres - the trees

les fleurs - the flowers

l'environnement - the environment

le réchauffement climatique - global warming

protéger - to protect

faire attention - to pay attention

dimanche - Sunday

il travaille (travailler) - he works (to work)

le soleil brille - the sun shines

forêt - forest

voiture - car

la pollution - the pollution

l'atmosphère - the atmosphere

gaspiller - to waste

recycler - to recycle

polluer - to pollute

aujourd'hui - today

vélo - bike

longues promenades - long walks

font pas peur (faire peur) - don't scare (to scare)

la ville - the city

la campagne - the countryside

routes - roads

aller - to go

monoxyde de carbone - carbon monoxide

le ciel - the sky

nuage - cloud

pluie - rain

tempête - storm

le chemin - the path

promeneurs - walkers

les mains - the hands

ramasser des fleurs - to pick up flowers

herbe - grass

le sol - the ground/the soil

jardin - garden

semer - to plant/to sow

graines - seeds

une rivière - a river

paysage - landscape

marais - swamp

sombre - dark

intéressant - interesting

pollué - polluted

déchets - waste/garbage

déchetterie - recycling center

recycler - to recycle

verre - glass

plastique - plastic

caoutchouc - rubber

organique - organic

le recyclage - the recycling

une très bonne chose - a very good thing

trier - to sort

poubelles - dustbins/trash cans

réutilisés - reused

la couche d'ozone - the ozone layer

ressource - resource

réduire - to reduce

la vallée - the valley

le monde - the world

les montagnes - the mountains

un glacier - a glacier

geler - to freeze

arbustes - bushes

feuille - leaf

en hiver - in winter

un lac - a lake

un étang - a pond

la neige - the snow

fondre - to melt

fleuve - river

la forêt - the forest

presque - almost

pédaler - to pedal

une petite pause - a little break

bouteille d'eau - bottle of water

manger - to eat

le papier d'emballage - the wrapping paper

poche - pocket

plus tard - later

la plage - the beach

Ben habite loin de... - Ben lives far away from...

la mer - the sea

l'océan - the ocean

une maison - a house

la marée - the tide

les étoiles - the stars

un rêveur - a dreamer

aider - to help

énergies renouvelables - renewable energies

sa propre entreprise - his own company

enfin - finally

un endroit - a place

connaître - to know

souvent - often

champignon - mushroom

saison - season

cerf - deer

jamais - never

raconter - to tell

penser - to think

un fermier - a farmer

écologique - ecological

gentil - nice

légumes - vegetables

bio - organic

sans pesticides - without pesticides

en revenant chez lui - on his way home

repas - meal

agréable - pleasant

dimanche prochain - next Sunday

Tous les ans, dans la famille Seigner, c'est le grand ménage de **printemps**. Le père range son atelier et ses **outils**, la fille **trie les livres** de la bibliothèque et son frère donne les **vieux jeux** qu'il **n'**utilise **plus**. La mère de famille fait du **tri** dans les vêtements de **tout le monde**. Elle ouvre les **placards**, sort les habits et remplit des cartons et des sacs avec **les vêtements** qui ne sont plus portés.

tous les ans - every year

printemps - spring

outils - tools

les livres - the books

vieux jeux - old games

ne ... plus - not any more

trier - to sort

tout le monde - everybody

placards - closets, cupboards

les vêtements - the clothes

La mère s'appelle Thérésa et aujourd'hui elle trie et range **l'armoire** de son fils Théo. Théo a treize ans. C'est **un adolescent** en pleine période de **croissance**. Il **grandit** vite et ses parents lui achètent souvent de nouveaux habits quand les anciens sont **trop petits**. C'est pareil avec **les chaussures**. Thérésa demande à son fils de venir l'**aider**. Il y a beaucoup d'affaires à trier dans **la chambre**.

l'armoire - the wardrobe

un adolescent - a teenager

croissance - growth

grandir - to grow up

trop petit - too small

les chaussures - the shoes

aider - to help

la chambre - the bedroom

Thérésa sort tous les habits de l'armoire et les pose sur **le lit**. Tout de suite, Théo prend trois **chemises**, deux **pantalons, un pull** et beaucoup de **t-shirts** qu'il met de côté. « **Pourquoi** tu mets de côté ces vêtements ? , demande la mère.

- Parce que ce sont mes habits **préférés** !, dit Théo.

- Mais tu ne **portes** plus cette chemise depuis longtemps ! Est-ce qu'elle te va encore ? »

Théo **essaye** la chemise. Oui, elle lui va toujours.

le lit - the bed

chemise - shirt

pantalon - trousers

un pull - a jumper/sweater

t-shirt - t-shirt

Pourquoi ? - Why?

mes préférés - my favorites

porter - to wear

essayer - to try

Théo essaye toutes les autres chemises. Il y en a beaucoup **à carreaux**, plusieurs avec des **rayures** et les autres sont **unies**, sans motifs. Il y a des chemises **claires** et d'autres **foncées**. « Celle-ci est très **confortable** !, dit Théo, **je pense** que je vais la garder.

- Mais elle est trop **courte** ! Tu as beaucoup grandi, mon chéri. Il est préférable de ne pas garder tes **vieux habits** et de les donner. » Théo est un peu contrarié, mais **il est d'accord**.

à carreaux - checkered

à rayures - striped

uni - plain

clair - light

foncé - dark

confortable - comfortable

je pense (penser) - I think (to think)

court - short

vieux habits - old clothes

il est d'accord - he agrees

Ensuite, **le jeune garçon** essaye tous ses t-shirts puis ses pantalons. La plupart de ses pantalons sont des **jeans à la mode**. Mais dans la famille Seigner il n'y a pas de **vêtements de marque**. Les parents trouvent que ces habits sont souvent très **chers**.

« Que penses-tu de cette **salopette** ?, demande Théo à sa mère.

-**Je trouve** qu'elle te va très bien ! Et puis elle **est assortie** à ton **chapeau**.»

Thérésa adore les chapeaux et elle en achète aussi pour ses enfants. L'été, ils sont très **utiles** pour se **protéger** du soleil. C'est la même chose avec les **lunettes de soleil**.

le jeune garçon - the young boy

jean - jeans

à la mode - fashionable

vêtements de marque - branded clothes

cher - expensive

salopette - overalls

Je trouve que - I find that

est assortie (être assorti) - matches (to match)

chapeau - hat

utile - useful

protéger - to protect

lunettes de soleil - sunglasses

« **Je crois** qu'il te faut de nouvelles **chaussures**, dit Thérésa à son fils, Tu n'as qu'une seule paire de **baskets** et tes **sandales** sont **usées**. Nous irons au magasin en acheter de **nouvelles**. » Il faut de nouvelles chaussures à Théo, par contre il n'a pas besoin de nouvelles **chaussettes**. Il n'a pas non plus besoin de **sous-vêtements :** il en a déjà beaucoup en très bon état. « Mets ton **manteau**, Théo, dit Thérésa, Je prends ma **veste** et mon **chandail** et nous allons au **magasin** de vêtements. »

Je crois que - I believe that

chaussures - shoes

baskets - running shoes

sandales - sandals

usées - wore out

nouveau/nouvelle - new (M/F)

chaussettes - socks

sous-vêtements - underwear

manteau - coat

veste - jacket

chandail - cardigan

magasin - shop

Thérésa emmène son fils Théo **en ville** pour faire les boutiques de vêtements. **Sur la route**, ils s'arrêtent dans une boutique spécialisée qui **récupère** les vieux habits pour les revendre **peu cher** aux personnes qui en ont besoin. C'est une boutique spécialisée dans les **vêtements d'occasion.** Thérésa trouve que c'est **une très bonne idée** : comme cela, les habits ont **une deuxième vie** !

en ville - in town

Sur la route - On the road

récupérer - to collect

peu cher - cheap

vêtements d'occasion - second-hand clothing

une très bonne idée - a very good idea

une deuxième vie - a second life

Dans le magasin de vêtements, Théo va **tout de suite** au rayon enfants. Mais sa mère s'arrête d'abord au **rayon** des vêtements pour femmes. Elle regarde **un chemisier** qu'elle trouve beau, puis **une jupe** assortie. Mais les prix sont un peu **chers** et Thérésa **repose** les deux habits. « Cette **robe** me plaît ! Je vais l'essayer dans la cabine », dit Thérésa.

Elle se souvient qu'elle n'a pas de **collants** à la maison. Si elle **achète** la robe, il faut qu'elle en achète une paire aussi.

tout de suite - immediately

rayon - department

un chemisier - a blouse

une jupe - a skirt

cher - expensive

repose (reposer) - puts down (to put down)

robe - dress

collants - tights

acheter - to buy

De son côté, Théo trouve **un short** et **un polo** à son goût. Il va les **montrer** à sa mère. Dans le rayon des **maillots** de sport, il se demande si le sien lui va encore. « **À ton avis**, quel polo est le plus beau ?, demande Théo à sa maman.

- Je pense que le **bleu** est joli, mais sur le **rouge** je crois que tu peux mettre **le logo de ton école**.

- **Je suis pour** le fait de prendre les deux !, dit Théo avec un sourire.

- Non, nous n'avons **pas assez** d'argent pour acheter les deux, répond sa mère. **Je suis contre**.»

un short - shorts

un polo - a polo shirt

montrer - to show

maillot - football shirt

À ton avis - In your opinion

bleu - blue

rouge - red

le logo de l'école - the school logo

Je suis pour - I am in favor of

pas assez - not enough

Je suis contre - I am against

Finalement, Théo repose le polo bleu dans le rayon. Lui et sa mère se rendent au rayon chaussures. Théo en essaye **plusieurs** paires à sa taille. « **J'aime** ces sandales. », dit le garçon.

- Et **tu portes** bien ces baskets (ces baskets te vont bien), ajoute sa mère, Nous prenons **les deux** ! » À la caisse, il y a plusieurs personnes devant eux qui **attendent** pour **payer**, et la vendeuse prend le temps de mettre correctement tous les vêtements dans les **sacs**.

plusieurs - several

J'aime - I like

tu portes (porter) - you wear (to wear)

les deux - both

attendre - to wait

payer - to pay

sacs - bags

À leur retour à **la maison** avec leurs achats, Théo **remercie** sa maman pour les nouvelles chaussures et le polo. Puis il monte dans **sa chambre** et range ses chaussures dans **le placard**. Devant **le miroir**, le jeune garçon essaye son nouveau polo. « Oui, **je pense** qu'il me va vraiment bien, dit-il en se regardant dans le miroir. Mes **copains** vont tous **être jaloux** et je serai la star de la **récré** ! »

la maison - the house

remercier - to thank

sa chambre - his/her bedroom (M/F)

le placard - the cupboard

le miroir - the mirror

je pense - I think

copains - friends

être jaloux - to be jealous

récré - playground

QUIZ

1. Que fait Thérésa Seigner pour le grand nettoyage de printemps?

   a) Elle trie les vêtements de toute la famille.

   b) Elle range le garage et l'atelier de son mari.

   c) Elle trie les livres et les revues et met de côté ceux qui ont déjà été lus pour les donner.

   d) Elle met dans un carton les jeux dont ses enfants ne se servent plus pour les offrir à une association.

2. Dans le magasin, Thérésa achète pour elle:

   a) Une jupe et un joli chemisier.

   b) Un chapeau et des lunettes de soleil.

   c) Un sac à main et un collier.

   d) Une robe et une paire de collants.

3. Quels sont les achats de Théo?

   a) Une salopette et un chapeau assorti.

   b) Des sous-vêtements et des chaussettes.

   c) Un polo, des sandales et des baskets.

   d) Trois chemises, deux pantalons, un pull et des T-shirts.

ANSWER

1) a   2) d   3) c

SUMMARY

Ces jours-ci, la famille Seigner fait son grand nettoyage de printemps: chacun fait son tri et ses rangements.

Comme son fils Théo grandit beaucoup, Thérésa Seigner l'aide à voir les vêtements qui lui vont encore. Certains vêtements ont besoin d'être renouvelés.

Théo garderait bien pratiquement tout, mais il lui faut les échanger contre des vêtements à sa taille. Il met tout de même de côté quelques-uns de ses vêtements fétiches.

Tout compte fait il va falloir un polo et deux paires de chaussures à Théo, des sandales et des baskets. Il va donc avec sa mère dans un magasin.

En passant, ils déposent dans une boutique de vêtements d'occasion les vêtements propres et en bon état qui ne vont plus à Théo. Ainsi, ces habits auront une deuxième vie. Et ils rendront service à d'autres personnes.

Au magasin, Thérésa s'achète une robe et une paire de collants, après avoir essayé une jupe et un chemisier dont le prix est trop élevé.

Pendant ce temps, Théo a repéré deux jolis polos et deux paires de chaussures.

Sa maman ne pourra lui acheter qu'un polo, mais il pourra prendre ses sandales et ses baskets.

Il remercie sa mère pour ces achats, particulièrement le polo rouge qu'il lui tarde de porter à l'école.

VOCABULARY RECAP 7

tous les ans - every year

printemps - spring

outils - tools

les livres - the books

vieux jeux - old games

ne ... plus - not any more

trier - to sort

tout le monde - everybody

placards - closets, cupboards

les vêtements - the clothes

l'armoire - the wardrobe

un adolescent - a teenager

croissance - growth

grandir - to grow up

trop petit - too small

les chaussures - the shoes

aider - to help

la chambre - the bedroom

le lit - the bed

chemise - shirt

pantalon - trousers

un pull a jumper/sweater

t-shirt - t-shirt

Pourquoi ? - Why?

mes préférés - my favorites

porter - to wear

essayer - to try

à carreaux - checkered

à rayures - striped

uni - plain

clair - light

foncé - dark

confortable - comfortable

je pense (penser) - I think (to think)

court - short

vieux habits - old clothes

il est d'accord - he agrees

le jeune garçon - the young boy

jean - jeans

à la mode - fashionable

vêtements de marque - branded clothes

cher - expensive

salopette - overalls

Je trouve que - I find that

est assortie (être assorti) - matches (to match)

chapeau - hat

utile - useful

protéger - to protect

lunettes de soleil - sunglasses

Je crois que - I believe that

chaussures - shoes

baskets - running shoes

sandales - sandals

usées - wore out

nouveau/nouvelle - new (M/F)

chaussettes - socks

sous-vêtements - underwear

manteau - coat

veste - jacket

chandail - cardigan

magasin - shop

en ville - in town

sur la route - on the road

récupérer - to collect

peu cher - cheap

vêtements d'occasion - second-hand clothing

une très bonne idée - a very good idea

une deuxième vie - a second life

tout de suite - immediately

rayon - department

un chemisier - a blouse

une jupe - a skirt

cher - expensive

repose (reposer) - puts down (to put down)

robe - dress

collants - tights

acheter - to buy

un short - shorts

un polo - a polo shirt

montrer - to show

maillot - football shirt

à ton avis - in your opinion

bleu - blue

rouge - red

le logo de l'école - the school logo

Je suis pour - I am in favor of

pas assez - not enough

Je suis contre - I am against

plusieurs - several

J'aime - I like

tu portes (porter) - you wear (to wear)

les deux - both

attendre - to wait

payer - to pay

sacs - bags

la maison - the house

remercier - to thank

sa chambre - his/her bedroom (M/F)

le placard - the cupboard

le miroir - the mirror

je pense - I think

copains - friends

être jaloux - to be jealous

récré - playground

Aujourd'hui, c'est **samedi**. C'est le week-end et Elsa ne **travaille** pas. Elle et son **ami** Fred vont faire les courses dans **un centre commercial**. Elsa veut **faire du lèche-vitrine**, mais Fred n'est pas d'accord : il a beaucoup de **choses** à acheter. Il doit **acheter** à manger et d'autres choses. Fred a fait **une liste de courses** avec tout ce dont il **a besoin**, pour ne rien **oublier**.

aujourd'hui - today

samedi - Saturday

travailler - to work

ami - friend

un centre commercial - a shopping center

faire du lèche-vitrines - to go window shopping

choses - things

acheter - to buy

une liste de courses - a shopping list

avoir besoin - to need

oublier - to forget

Elsa va en bus jusqu'au centre commercial. Elle retrouve Fred sur le parking, **devant les magasins**. Fred est venu en **voiture** car il habite plus loin, **hors de la ville**, là où le bus ne passe pas. **Ensemble**, les deux amis décident de **commencer** par les **magasins de vêtements**. Il y a **plusieurs** boutiques : des magasins de vêtements pour **femmes**, pour **hommes** et pour **enfants**. Certaines boutiques proposent des vêtements pour **tout le monde**.

devant les magasins - in front of the shops

une voiture - a car

hors de - outside of

la ville - the city

ensemble - together

commencer - to begin

magasins de vêtements - clothes shops

plusieurs - several

femmes - women

hommes - men

enfants - children

tout le monde - everybody

Elsa achète **une robe,** et **une cravate** pour son ami. Fred ne sait pas que **la jeune femme** lui a acheté une cravate. Elsa veut lui faire une surprise pour son **anniversaire**. L'anniversaire de Fred est dans **dix jours**. Il fera **une fête** et Elsa est invitée. Ensuite, les deux amis passent devant **la parfumerie. L'odeur** est très **agréable. Plus loin**, il y a un magasin de **jouets**.

une robe - a dress

une cravate - a tie

la jeune femme - the young lady

anniversaire - birthday

dix jours - ten days

une fête - a party

la parfumerie - the perfume shop/perfumery

l'odeur - the smell/the fragrance

agréable - pleasant

plus loin - farther

jouets - toys

« Je vais à **la pharmacie**, dit Elsa , **J'ai besoin** de médicaments.

- Tu es **malade** ?, demande son ami Fred.

-Non, je ne suis pas malade. Je vais acheter des **antidouleurs** car je n'en ai plus à la maison.

- D'accord. Je t'attends de ce côté. »

Fred **attend** Elsa devant **la boulangerie**. Le jeune homme aime **le pain**, mais il préfère les gâteaux. La boulangerie est aussi **une pâtisserie**. À l'extérieur, Fred **sent** les bonnes odeurs. Fred veut des **bonbons**, mais dans le centre commercial, il n'y a pas de **confiserie**.

la pharmacie - the pharmacy

J'ai besoin - I need

être malade - to be sick

antidouleurs - pain-killers

attendre - to wait

la boulangerie - the bakery

lc pain - the bread

une pâtisserie - a cake shop

sentir - to smell

bonbons - candies

confiscric - sweets shop/confectionery

La boucherie et **la charcuterie** sont **fermées**. C'est l'été et certains magasins sont en **fermeture annuelle**. Fred est un petit peu déçu. Il préfère aller à la boucherie plutôt que d'acheter sa viande au **supermarché**.« J'aime aussi aller au **marché**, dit-il à Elsa, Les fruits et **les légumes** sont beaux et **les prix** sont souvent moins chers que dans les **hypermarchés**.

- Je suis d'accord, répond Elsa, mais il n'y a pas de marché **près de chez moi**, c'est dommage. Je dois faire mes courses dans les magasins. »

la boucherie - the butcher's shop

la charcuterie - delicatessen

être fermé - to be closed

fermeture annuelle - annual closing

supermarché - supermarket

marché - market

les légumes - the vegetables

les prix - the prices

hypermarchés - a big supermarket (like Tesco or Walmart)

près de chez moi - near my house

Fred et Elsa passent devant **un marchand de glaces**. Il fait chaud, c'est **le mois de juillet** et beaucoup d'enfants attendent pour avoir une glace. Les glaces de ce marchand sont très bonnes, Elsa en achète **tous les ans**.« Elle sont bonnes, dit Elsa, et elles ne sont pas chères. » Les parents des enfants sont d'accord et le glacier a vraiment beaucoup de **clients** et de travail pour servir tout le monde. Quelques enfants payent avec leur **argent de poche**.

marchand de glaces/glacier - ice cream seller

le mois de juillet - the month of July

tous les ans - every year

clients - customers

argent de poche - pocket money

Au **premier étage** du centre commercial, Elsa veut aller à **la librairie**. Fred, lui, a besoin de se rendre au **bureau de tabac**. Il doit acheter des **timbres** pour envoyer des lettres. Il veut aussi acheter **le journal** d'aujourd'hui et des magazines. Le bureau de tabac est grand et sert aussi de **papeterie**. Fred **fume** et il n'a plus de cigarettes. Il demande un paquet au vendeur. « **Le bureau de poste** près de chez moi est fermé pour travaux, explique Fred à son amie, je dois acheter mes timbres **ailleurs**. »

premier étage - first floor

la librairie - the bookstore

le bureau de tabac - the tobacco store

timbres - postage stamps

le journal - the newspaper

papeterie - stationery shop

fumer - to smoke

le bureau de poste - the post office

ailleurs - elsewhere

Fred et Elsa passent devant la **bijouterie**. Pendant que la jeune femme regarde **les colliers**, Fred lit le panneau des horaires d'**ouverture** et de **fermeture**. Il voit que la bijouterie est fermée le **lundi**. Ensuite, les deux amis vont au supermarché. Il y a **beaucoup de monde** dans le magasin aujourd'hui. Fred n'aime pas quand il y a trop de monde. Il veut **terminer** ses courses rapidement. Il demande à Elsa de l'**aider**. « Je vais acheter les légumes puis je vais à **la poissonnerie**. Toi, tu vas au **libre-service**. Regarde s'il y a des **produits en promotion**. » Elsa est d'accord. Elle pense aussi regarder le **maquillage** et le **parfum** si elle a le temps.

bijouterie - jeweler's shop/jewelry store

les colliers - the necklaces

ouverture - opening

fermeture - closure

lundi - Monday

beaucoup de monde - many people

terminer - to finish

aider - to help

la poissonnerie - the fishmonger

libre-service - self-service

produit - product

en promotion - on sale

maquillage - make-up

parfum - perfume

Elsa **est perdue** dans les rayons. Elle ne connaît pas très bien ce supermarché. Mais elle trouve **le shampoing** et **le rouge à lèvres** qu'elle voulait. Elsa est contente, mais elle doit **trouver** son ami maintenant. La jeune femme passe dans **le rayon** des jouets et revient vers **la sortie**. Non, ce n'est pas de ce côté qu'elle peut trouver Fred. Ah, le jeune homme est là-bas, plus loin dans le magasin! Elsa voit **le t-shirt rouge** de son ami. Heureusement qu'elle n'est pas perdue dans le magasin.

être perdu - to be lost

le shampoing - the shampoo

le rouge à lèvres - the lipstick

trouver - to find

le rayon - the department

la sortie - the exit

le t-shirt rouge - the red T-shirt

Fred a fini de faire ses courses. Avant de **payer**, il vérifie ses achats une dernière fois. IL veut être sûr de ne rien oublier. Elsa l'aide à vérifier qu'il a tous ses produits. Oui, c'est bon, tout est là. Ensemble, ils passent à la caisse. Fred veut payer **en liquide (en espèces)**, mais il n'a pas assez de **monnaie**. « Ce n'est pas grave, dit Elsa, je te prête de **l'argent** pour aujourd'hui. » La jeune femme ouvre son **sac à main** et sort sa **carte de crédit**.

payer - to pay

en liquide (en espèces) - in cash

monnaie - change/money

l'argent - the money

sac à main - purse

carte de crédit - credit card

Fred est content de son **après-midi** de shopping. Il a passé un bon moment avec son amie Elsa et il a fait toutes ses courses. Et, sur **le reçu**, il voit qu'il y a des **réductions** pour ses prochains achats. Les deux amis vont vers la sortie du centre commercial. Elsa doit **prendre le bus** pour rentrer chez elle et Fred doit ranger les courses dans sa voiture. « Oh non, **il pleut**, dit Elsa, Et je n'ai pas de **parapluie**. Je ne veux pas **attendre** le bus sous la pluie ! » Fred n'a pas de parapluie à **prêter** à la jeune femme. Il lui propose de la ramener chez elle en voiture. « **Merci beaucoup**, dit Elsa, tu es vraiment un très bon ami ! »

QUIZ

1. Par quel magasin Fred et Elsa commencent-ils dans le centre commercial?
   a) Par la papeterie-bureau de tabac?

   b) Par la pharmacie?

   c) Par la boutique de vêtements?

   d) Par le supermarché?

2. Fred est un peu déçu:
   a) Parce qu'il y a trop de monde dans le centre commercial.

   b) Parce qu'il n'a pas pu acheter de glaces.

   c) Parce que la boucherie est fermée pour les vacances.

   d) Parce que le buraliste n'a plus de cigarettes.

3. Dans le supermarché, c'est Elsa qui doit choisir pour Fred:
   a) Le poisson, les légumes et les fruits.

   b) Le shampoing et le rouge à lèvres.

   c) Les articles en promotion.

   d) Les jouets pour le neveu de Fred.

ANSWER

1) c   2) c   3) c

SUMMARY

C'est le week-end. Elsa et Fred doivent se rejoindre pour faire des courses dans un centre commercial. Elsa s'y rend par le bus et Fred en voiture.

Ils commencent par passer au magasin de vêtements. Elsa achète une robe; et une cravate, une surprise pour l'anniversaire de Fred. Puis elle passe à la pharmacie, pour acheter des analgésiques.

Fred l'attend devant la boulangerie: il mangerait bien des gâteaux ou des bonbons.

Il aurait aimé aussi passer à la boucherie, mais celle-ci est fermée pour les congés annuels.

Les glaces du glacier sont tentantes, mais beaucoup de clients dont des enfants font déjà la queue. Il vaut mieux que Fred aille au bureau de tabac acheter des timbres et des cigarettes, tandis qu'Elsa va à la librairie.

Un coup d'œil rapide à la vitrine du bijoutier en passant, et ils entrent au supermarché.

Pour aller plus vite, ils se partagent la liste de courses.

Elsa trouve le temps d'acheter du shampooing et du rouge à lèvres pour elle.

Elle a un peu de mal à retrouver Fred, qui porte un T-shirt rouge, heureusement!

Ils vont à la caisse. Comme Fred n'a pas assez d'espèces, Elsa lui avance l'argent de ses courses.

Ils sortent du centre commercial. Mais il se met à pleuvoir. Elsa n'a pas de parapluie, elle ne peut attendre le bus sous l'averse. Fred la raccompagne donc chez elle.

Quel moment utile et agréable pour Fred et Elsa, de faire leurs courses ensemble!

VOCABULARY RECAP 8

aujourd'hui - today

samedi - Saturday

travailler - to work

ami - friend

un centre commercial - a shopping center

faire du lèche-vitrines - to go window shopping

choses - things

acheter - to buy

une liste de courses - a shopping list

avoir besoin - to need

oublier - to forget

devant les magasins - in front of the shops

une voiture - a car

hors de - outside of

la ville - the city

ensemble - together

commencer - to begin

magasins de vêtements - clothes shops

plusieurs - several

femmes - women

hommes - men

enfants - children

tout le monde - everybody

une robe - a dress

une cravate - a tie

la jeune femme - the young lady

anniversaire - birthday

dix jours - ten days

une fête - a party

la parfumerie - the perfume shop/perfumery

l'odeur - the smell/the fragrance

agréable - pleasant

plus loin - farther

jouets - toys

la pharmacie - the pharmacy

J'ai besoin - I need

être malade - to be sick

antidouleurs - pain-killers

attendre - to wait

la boulangerie - the bakery

le pain - the bread

une pâtisserie - a cake shop

sentir - to smell

bonbons - candies

confiserie - sweets shop/confectionery

la boucherie - the butcher's shop

la charcuterie - delicatessen

être fermé - to be closed

fermeture annuelle - annual closing

supermarché - supermarket

marché - market

les légumes - the vegetables

les prix - the prices

hypermarchés - a big supermarket (like Tesco or Walmart)

près de chez moi - near my house

marchand de glaces/glacier - ice cream seller

le mois de juillet - the month of July

tous les ans - every year

clients - customers

argent de poche - pocket money

premier étage - first floor

la librairie - the bookstore

le bureau de tabac - the tobacco store

timbres - postage stamps

le journal - the newspaper

papeterie - stationery shop

fumer - to smoke

le bureau de poste - the post office

ailleurs - elsewhere

bijouterie - jeweler's shop/jewelry store

les colliers - the necklaces

ouverture - opening

fermeture - closure

lundi - Monday

beaucoup de monde - many people

terminer - to finish

aider - to help

la poissonnerie - the fishmonger

libre-service - self-service

produit - product

en promotion - on sale

maquillage - make-up

parfum - perfume

être perdu - to be lost

le shampoing - the shampoo

le rouge à lèvres - the lipstick

trouver - to find

le rayon - the department

la sortie - the exit

le t-shirt rouge - the red t-shirt

payer - to pay

en liquide (en espèces) - in cash

monnaie - change/money

l'argent - the money

sac à main - purse

carte de crédit - credit card

Chapter "Good Will"

Helping others without expectation of anything in return has been proven to lead to increased happiness and satisfaction in life.

We would love to give you the chance to experience that same feeling during your reading or listening experience today...

All it takes is a few moments of your time to answer one simple question:

Would you make a difference in the life of someone you've never met—without spending any money or seeking recognition for your good will?

If so, we have a small request for you.

If you've found value in your reading or listening experience today, we humbly ask that you take a brief moment right now to leave an honest review of this book. It won't cost you anything but 30 seconds of your time—just a few seconds to share your thoughts with others.

Your voice can go a long way in helping someone else find the same inspiration and knowledge that you have.

Scan the QR code below:

OR

Visit the link below:

https://geni.us/RPwhz7

Thank you in advance!

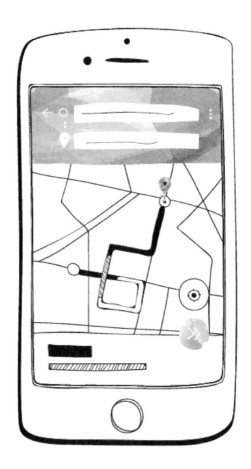

Maureen est **irlandaise**. Elle est **étudiante** à l'université de Dublin et cet été elle décide de passer ses **vacances d'été** en France. Elle reste **une semaine** dans le nord de la France, dans une **maison de campagne**. La maison appartient à des **cousins** des parents de Maureen. C'est un couple qui s'est installé en France il y a quelques années et ils sont très gentils avec la jeune fille. Ils l'aident à **améliorer** son français.

irlandaise - Irish

étudiant - student

vacances d'été - summer holidays

une semaine - one week

maison de campagne - country house

cousins - cousins

améliorer - to improve

Ce week-end, Maureen décide d'aller visiter la capitale. **Elle prend le train** à Lille pour se rendre à Paris. Le voyage en train n'est pas très long et se passe bien. Maureen **parle** un petit peu avec sa voisine de siège et regarde le **paysage à travers la fenêtre**. C'est surtout un paysage de campagne.

elle prend le train (prendre le train) - she takes the train (to take the train)

elle parle (parler) - he talks (to talk)

paysage - landscape/scenery

à travers - through

la fenêtre - the window

Arrivée à Paris, Maureen dépose son sac dans **un hôtel**. Elle a réservé **une chambre** avant de venir. La femme à l'accueil de l'hôtel est très gentille et la chambre n'est pas grande mais **propre** et agréable. Maureen ne sait pas encore quelle visite elle va faire **en premier**. Il y a tant de choses à voir à Paris ! Elle demande **un plan de la ville** à la réception.

un hôtel - a hotel

une chambre - a room

propre - clean

en premier - first

un plan de la ville - a map of the city

« **Vous pouvez me recommander une visite ?**, demande Maureen.

-**Vous pouvez visiter la Tour Eiffel**, lui dit la femme.

-**C'est où ?**

- **C'est dans l'ouest de Paris.** »

Maureen pense que c'est une bonne idée. Elle ira en métro. « **Quelle est la station de métro la plus proche ?** », demande-t-elle à la réceptionniste.

Vous pouvez me recommander une visite ? - Can you recommend to me a place to visit?

Vous pouvez visiter la Tour Eiffel - You can visit the Eiffel Tower

C'est où ? - Where is it?

C'est dans l'ouest de Paris. - It's in the west of Paris.

Quelle est la station de métro la plus proche ? - Which is the closest metro station?

La jeune fille trouve la station de métro et **achète** un carnet de tickets pour la journée. Elle prend ensuite le métro jusqu'à la Tour Eiffel. Au pied de la tour, il y a **beaucoup** de touristes comme elle. Les touristes ont des **appareils photo**. Maureen aussi a apporté **le sien**. Au guichet de la Tour Eiffel, elle demande :« **Ça ouvre à quelle heure ?**

- **C'est ouvert de neuf heures à minuit. C'est ouvert tous les jours, de juin à septembre.** Mais **c'est fermé le mardi.**

- Merci. Et **ça coûte combien ?** »

Maureen voit qu'elle a **assez d'argent** sur elle pour visiter la Tour Eiffel.

elle achète (acheter) - she buys (to buy)

beaucoup - many

appareil photo - camera

le sien - her own

Ça ouvre à quelle heure ? - What time does it open?

C'est ouvert de neuf heures à minuit. - It's open from 9am to midnight.

C'est ouvert tous les jours - It's open every day

de juin à septembre - from June to September

c'est fermé le mardi - it's closed on Tuesdays

Ça coûte combien ? - How much does it cost?

assez d'argent - enough money

La jeune femme a beaucoup aimé la visite de la Tour Eiffel. Elle décide maintenant d'aller visiter **le musée du Louvre.** Elle prend de nouveau le métro. « Je vais aller voir **une exposition** », se dit Maureen. Elle sort du métro une station **trop tôt. Elle est un peu perdue** dans la ville et demande son chemin. Les passants sont très gentils et l'aident à **se repérer. « Merci beaucoup !** », dit Maureen avant de longer la Seine.

le musée du Louvre - the Louvre museum

une exposition - an exhibition

trop tôt - too early

elle est perdue (être perdu) - she is lost (to be lost)

se repérer - find your way

Merci beaucoup - Thank you very much

Après la visite du musée, la jeune fille se rend à **la cathédrale Notre-Dame** de Paris. **Elle en aime** l'architecture et elle prend beaucoup de photos. Comme il est **midi**, Maureen trouve un restaurant. **Elle commande** des spécialités locales. Le repas est très bon et **le serveur** est gentil. Avec le café, Maureen demande l'addition. Elle laisse **un pourboire** au serveur avant de partir.

la cathédrale Notre-Dame - Notre Dame cathedral

elle aime (aimer) - she likes (to like)

midi - noon

elle commande (commander) - (she orders) to order

le serveur - the waiter

un pourboire - a tip

Le long de la Seine, Maureen observe **les bateaux mouches**. Elle décide de les regarder de plus près. « C'est **combien ?** », demande Maureen. Elle veut connaître **le prix** d'un tour en bateau mouche. L'homme lui dit le prix et lui indique aussi que le prochain départ est dans **dix minutes**. Maureen achète un billet et monte tout de suite à bord du bateau mouche. Le voyage sur le fleuve est **agréable** et la jeune femme prend de nouvelles photos. En plus, le temps est **ensoleillé**. À côté d'elle, d'autres touristes se demandent s'ils vont faire **une visite guidée du Centre Pompidou.**

le bateau mouche - the river boat

combien - how much/how many

le prix - the price

dix minutes - ten minutes

agréable - pleasant

ensoleillé - sunny

une visite guidée - a guided tour

le Centre Pompidou - the Pompidou Center (museum)

Maureen **pense** qu'il y a beaucoup trop de choses à visiter à Paris. Heureusement qu'elle est dans la capitale durant **deux jours** ! Comme ça, elle a plus de temps pour tout visiter. Mais Maureen pense qu'elle ne peut pas tout voir, elle doit **choisir** quelles visites elle fera. Demain, elle pense aller voir **l'église du Sacré-Coeur**, **l'Arc de Triomphe** et **marcher sur les Champs-Elysées**. Mais aujourd'hui elle a déjà fait beaucoup de choses et elle est un peu fatiguée. La jeune fille décide d'**acheter des souvenirs** et des **cartes postales** avant de rentrer à l'hôtel.

elle pense (penser) - she thinks (to think)

deux jours - two days

choisir - to choose

l'église du Sacré-Coeur - the Sacred Heart church

l'Arc de Triomphe - the Arc de Triomphe

marcher sur les Champs-Élysées - to walk on the Champs-Elysées

acheter des souvenirs - to buy some souvenirs

cartes postales - postcards

Maureen trouve de jolis souvenirs dans les magasins. Il y a des t-shirts avec la Tour Eiffel, des sacs avec 'Paris' écrit dessus et beaucoup d'autres objets. La jeune fille achète une petite Tour Eiffel pour **sa sœur** et des cartes postales pour ses **grands-parents**. Les cartes postales montrent la ville et ses monuments. Elle achète également des **timbres**, pour pouvoir envoyer les cartes postales et parce que son **père** les collectionne.

Ensuite, elle prend une nouvelle fois **le métro** et retourne à l'hôtel.

sa sœur - her sister

grands-parents - grandparents

timbres - postage stamps

père - father

le métro - the Tube/the Metro

Dans sa chambre, Maureen écrit ses cartes postales. Elle **raconte** à ses grands-parents ce qu'elle a visité aujourd'hui, ce qu'**elle a aimé** et ce qu'**elle n'a pas aimé**. « Chers grands-parents, aujourd'hui j'ai visité Paris. **J'ai vu** la Tour Eiffel et le musée du Louvre. J'ai regardé **les peintures** et les statues. **J'ai contemplé la**

Joconde au Louvre, mais je n'ai pas trouvé ça beau. Le midi, **j'ai mangé dans un restaurant et c'était vraiment chouette.** J'ai aussi vu Notre-Dame. Je vous montrerai les photos. L'après-midi, **j'ai pris** un bateau mouche. **J'ai marché** près de la Seine et j'ai acheté des souvenirs. Ce soir, je dors dans **un bel hôtel**.

Je pense que la France est un beau pays et j'y passe de bonnes vacances. »

raconter - to tell

elle a aimé (aimer) - she liked (to like)

elle n'a pas aimé - she didn't like

J'ai vu (voir) - I saw (to see)

les peintures - the paintings

J'ai contemplé la Joconde, mais je n'ai pas trouvé ça beau. - I looked at the Mona Lisa but I didn't think it was good.

J'ai mangé dans un restaurant et c'était vraiment chouette. - I ate in a restaurant and it was truly great.

J'ai pris (prendre) - I took (to take)

J'ai marché (marcher) - I walked (to walk)

un bel hôtel - a nice hotel

Le lendemain, Maureen visite **d'autres monuments** de Paris et des musées. Elle est très contente de toutes ces visites. Dans la rue, **elle rencontre** par hasard un ami. Son ami s'appelle Jean, il est français. Comme Maureen, Jean est étudiant. Il fait ses études en Irlande, dans la même université que Maureen. C'est là que les deux amis se sont connus. Maureen est **heureuse** de revoir son ami Jean. Jean est content lui aussi et il propose à Maureen de venir manger chez lui le soir. Maureen accepte : elle fera la connaissance des parents de Jean. Et ce sera une manière agréable de **terminer** son séjour à Paris !

autres monuments - other monuments

elle rencontre (rencontrer) - she meets (to meet)

heureux - glad/happy

terminer - to finish

QUIZ

1. Le premier jour de son séjour à Paris, Maureen visite:

    a) La Tour Eiffel, le Louvre et Notre Dame.

    b) Le Sacré Coeur, les Champs-Elysées et l'arc de Triomphe.

    c) Le musée du centre Pompidou.

    d) La place de la Bastille et le Sénat.

2. Que va-t-elle rapporter de Paris à ses grands-parents?

    a) Une reproduction du tableau de la Joconde, car elle a vraiment aimé le tableau.

    b) Une petite Tour Eiffel en métal.

    c) Des timbres pour leur collection.

    d) Des cartes postales et des photos.

3. Qui est Jean?

    a) Le correspondant français de Maureen?

    b) Un ami de ses cousins de Lille?

    c) Son voisin de chambre d'hôtel?

    d) Un garçon qui étudie au même endroit qu'elle, en Irlande?

ANSWER

1) a   2) d   3) d

SUMMARY

Maureen passe une semaine chez des cousins de ses parents, en France. Ceux-ci vivent dans le Nord, près de Lille, et ils sont heureux de recevoir la jeune femme.

Venir en France sans passer par Paris est inenvisageable. Alors, la jeune étudiante décide de passer deux jours dans la capitale.

Après un court voyage en train, elle passe déposer ses bagages à l'hôtel. Et en route pour la Tour Eiffel! Elle fait le plein de photos, puis reprend le métro, en direction du Louvre. Elle visite quelques salles, et va voir La Joconde, mais elle ne trouve pas le portrait très beau.

Notre Dame est sa prochaine étape. Elle admire l'extérieur de la cathédrale, elle aime beaucoup l'architecture gothique.

Puis elle déjeune dans un restaurant sympathique, et va faire un tour sur la Seine en bateau-mouche.

Elle fait le plein de souvenirs et de cartes postales, de timbres, et bien sûr, elle a pris beaucoup de photos.

Le lendemain, elle décide de visiter la basilique du Sacré-Coeur, l'Arc de Triomphe puis de se promener sur les Champs-Elysées.

C'est alors qu'elle rencontre Jean. Quel hasard!

Jean est son ami de fac, en Angleterre. Il est venu, lui aussi, passer quelques jours en famille. Il invite Maureen à venir dîner chez lui. Il lui présentera ses parents. Quoi de mieux pour Maureen pour conclure ses deux jours à Paris!

VOCABULARY RECAP 9

irlandaise - Irish

étudiant - student

vacances d'été - summer holidays

une semaine - one week

maison de campagne - country house

cousins - cousins

améliorer - to improve

elle prend le train (prendre le train) - she takes the train (to take the train)

elle parle (parler) - he talks (to talk)

paysage - landscape/scenery

à travers - through

la fenêtre - the window

un hôtel - a hotel

une chambre - a room

propre - clean

en premier - first

un plan de la ville - a map of the city

Vous pouvez me recommander une visite ? - Can you recommend to me a place to visit?

Vous pouvez visiter la Tour Eiffel - You can visit the Eiffel Tower

C'est où ? - Where is it?

C'est dans l'ouest de Paris. - It's in the west of Paris.

Quelle est la station de métro la plus proche ? - Which is the closest metro station?

elle achète (acheter) - she buys (to buy)

beaucoup - many

appareil photo - camera

le sien - her own

Ça ouvre à quelle heure ? - What time does it open?

C'est ouvert de neuf heures à minuit. - It's open from 9am to midnight.

C'est ouvert tous les jours - It's open every day

de juin à septembre - from June to September

c'est fermé le mardi - it's closed on Tuesdays

Ça coûte combien ? - How much does it cost?

assez d'argent - enough money

le musée du Louvre - the Louvre museum

une exposition - an exhibition

trop tôt - too early

elle est perdue (être perdu) - she is lost (to be lost)

se repérer - find your way

Merci beaucoup - Thank you very much

la cathédrale Notre-Dame - Notre Dame cathedral

elle aime (aimer) - she likes (to like)

midi - noon

elle commande (commander) - (she orders) to order

le serveur - the waiter

un pourboire - a tip

le bateau mouche - the river boat

combien - how much/how many

le prix - the price

dix minutes - ten minutes

agréable - pleasant

ensoleillé - sunny

une visite guidée - a guided tour

le Centre Pompidou - the Pompidou Center (museum)

elle pense (penser) - she thinks (to think)

deux jours - two days

choisir - to choose

l'église du Sacré-Coeur - the Sacred Heart church

l'Arc de Triomphe - the Arc de Triomphe

marcher sur les Champs-Élysées - to walk on the Champs-Elysées

acheter des souvenirs - to buy some souvenirs

cartes postales - postcards

sa sœur - her sister

grands-parents - grandparents

timbres - postage stamps

père - father

le métro - the Tube/the Metro

raconter - to tell

elle a aimé (aimer) - she liked (to like)

elle n'a pas aimé - she didn't like

J'ai vu (voir) - I saw (to see)

les peintures - the paintings

J'ai contemplé la Joconde, mais je n'ai pas trouvé ça beau. - I looked at the Mona Lisa but I didn't think it was good.

J'ai mangé dans un restaurant et c'était vraiment chouette. - I ate in a restaurant and it was truly great.

J'ai pris (prendre) - I took (to take)

J'ai marché (marcher) - I walked (to walk)

un bel hôtel - a nice hotel

autres monuments - other monuments

elle rencontre (rencontrer) - she meets (to meet)

heureux - glad/happy

terminer - to finish

La famille Durand est une grande **famille** où tout le monde travaille. Le père est **ingénieur** et il travaille toute **la semaine**. La mère est **enseignante** dans une école et elle aussi travaille tous les jours. Les **trois enfants** - deux garçons et une fille - vont à l'école. Le plus grand des garçons s'appelle Gaston et il est au **lycée**. Sa sœur, Stéphanie, va au **collège** et leur frère, Julien, est au collège lui aussi. Les enfants travaillent **dur** durant la semaine, alors le **samedi** matin, **ils font la grasse matinée**. Le père ne peut pas dormir ce jour-là, mais il fait la grasse matinée le **dimanche** matin.

famille - family

ingénieur - engineer

la semaine - the week

enseignante - teacher

trois enfants - three children

le lycée - the high school

le collège - the middle school

dur - hard

samedi - Saturday

ils font (faire) la grasse matinée - they sleep late (to sleep late)

dimanche - Sunday

Le samedi **après-midi** est beaucoup plus actif dans la famille Durand. Les enfants ont **chacun** une activité et leur maman se charge de les y emmener en **voiture**. La mère fait aussi les courses ce jour-là. Elle va au **supermarché** et achète tous les produits dont elle a besoin pour les **repas** de la semaine. Souvent, elle achète des **bonbons** pour ses enfants. Mais elle ne leur **donne** des bonbons que quand ils sont **sages** !

après-midi - afternoon

chacun - each

voiture - car

supermarché - supermarket

repas - meal

bonbons - candy

donne (donner) - gives (to give)

sage - good, well-behaved

En début d'après-midi, avant de prendre la voiture et de **quitter la maison**, les Durand font le ménage. Les enfants **rangent** leurs **chambres** et la mère passe **l'aspirateur** dans toute la maison. Elle prépare le menu des **repas** pour la semaine à venir et elle **téléphone** à ses parents. Les grands-parents de Gaston, Stéphanie et Julien **habitent** à la campagne. Ils invitent souvent leurs petits-enfants pour les vacances et le dimanche pour le déjeuner.

quitter la maison - to leave the house

rangent (ranger) - to clean

chambre - bedroom

l'aspirateur - the vacuum cleaner

repas - meal

téléphone (téléphoner) - (phones) to phone/to call

(habitent) habiter - live (to live)

Après le ménage, il est l'heure de partir. « Qu'est-ce que tu fais aujourd'hui, Gaston ?, demande la mère.

- **Je vais au parc pour jouer avec mes copains.** Nous allons jouer au **football** et peut-être faire **une promenade.** » Gaston aime **marcher.** L'an dernier, il est parti tout un mois en **randonnée** avec ses amis. Le garçon aime aussi le **cyclisme.** Il fait beaucoup de vélo et regarde les compétitions à la télévision.

Je vais au parc jouer avec mes copains - I go to the park to play with my friends

football - soccer/football

une promenade - a walk

marcher - to walk

une randonnée - a hike

cyclisme - cycling

« D'accord, amuse-toi bien !, dit la mère. J'emmène ta sœur à son cours d'équitation et je dépose ton frère. ». Stéphanie adore les animaux. Elle aime surtout **les chevaux** et **elle fait de l'équitation** depuis trois ans. La jeune fille rêve un jour de participer à **un concours.** Ses parents sont très fiers d'elle. **Pratiquer un sport** est très bon pour les enfants. Ils s'amusent et rencontrent d'autres enfants de leur âge. Si Stéphanie fait de l'équitation, son frère Julien **joue au tennis.**

les chevaux - the horses

elle fait (faire) de l'équitation - she goes horseback riding (to go horseback riding)

un concours - a competition

pratiquer un sport - to practice a sport

jouer au tennis - to play tennis

Madame Durand dépose Stéphanie à sa leçon d'équitation. Dans la voiture, il reste Julien. Sur le trajet vers le cours de tennis, madame Durand dit à son fils qu'elle est contente que celui-ci pratique un sport. « C'est mieux que de **jouer à l'ordinateur** ou de **jouer à la console** toute la journée », dit-elle.

- « Oui, je suis d'accord » répond Julien. « Mais **lire un livre** ou **écouter de la musique** à l'intérieur est aussi une activité **agréable**. » Sa mère pense qu'il faut trouver **un équilibre** entre les différents **loisirs**.

jouer à l'ordinateur - to play on the computer

jouer à la console - to play video games

lire un livre - to read a book

écouter de la musique - to listen to music

agréable - enjoyable

un équilibre - a balance

loisirs - hobbies

Avant de **commencer** à jouer au tennis, Julien **a essayé** beaucoup d'activités et de sports différents. Il a fait du football, **du ski** en hiver et **de la planche à voile** en été. Mais il n'aimait pas vraiment ces sports. Le garçon a aussi essayé de **jouer aux boules**, mais c'était **ennuyeux**. Quand il était plus jeune, Julien faisait beaucoup de **skate** et de **patin à roulettes** avec ses amis. Un jour, un de ses copains lui a parlé du tennis. Julien a essayé ce sport et l'a trouvé **extraordinaire**.

commencer - to begin

a essayé (essayer) - tried (to try)

faire du ski - to ski

faire de la planche à voile - to windsurf

jouer aux boules - to play bowls (French game)

ennuyeux - boring

faire du skate - to skate

patin à roulettes - roller-skate

extraordinaire - extraordinary

L'après-midi est bien avancée : il est déjà deux heures et demie. Madame Durand est maintenant toute seule. Ses enfants sont tous occupés et elle va **faire ses courses** au supermarché. Avec sa voiture, elle se rend en **ville** et se gare sur un parking en centre-ville. Comme elle a le temps, elle en profite pour faire du **lèche-vitrine**. Madame Durand aime bien regarder **les vêtements** dans les magasins. Elle va aussi à **la librairie** et achète deux magazines.

faire ses courses - to do her shopping

ville - city

lèche-vitrine - window-shopping

les vêtements - the clothes

la librairie - the bookstore

À **la sortie** du supermarché, Madame Durand rencontre une de ses amies. Son amie s'appelle Louise et elle attend **son mari** qui est parti acheter des cigarettes. Louise et son mari vont voir **un film** au cinéma. Louise veut voir un film d'action, mais son mari pense regarder une comédie. Alors la jeune femme ne sait pas quel film ils vont aller voir. Mais elle invite madame Durand à venir avec eux. « **Merci**, c'est gentil, dit madame Durand, mais il faut que je rentre à la maison. Je dois **mettre des produits au congélateur**. Une autre fois peut-être ! »

la sortie - the exit

son mari - her husband

un film - a movie

merci - thank you

mettre des produits au congélateur - to put some products in the freezer

Une fois chez elle et après avoir rangé ses courses, madame Durand **fait une pause**. Elle prépare **un thé** et sort **des gâteaux**. La maison est très calme quand les enfants ne sont pas là. C'est très **agréable**. La femme lit un magazine et **boit** son thé. Puis elle regarde le programme du théâtre de la ville. Il y a beaucoup de **pièces intéressantes**. Avec son mari, ils aiment aller au théâtre. Madame Durand téléphone pour **réserver des places**.

elle fait une pause (faire une pause) - she takes a break (to take a break)

un thé - a tea

des gâteaux - some cakes

agréable - pleasant

boire - to drink

pièces intéressantes - interesting plays (theater)

réserver une place - to book a seat

Vers dix-huit heures, tout le monde est de nouveau à la maison. Gaston est **le dernier** à arriver à la maison. Il revient du parc où il **s'est** bien **amusé.** « Comment s'est passé ton après-midi ?, demande sa mère.

- C'était très bien. Il faisait beau au parc et j'ai fait une **promenade** avec mes copains », dit Gaston avant de monter dans sa chambre. Il va jouer avec **ses frères et sœurs** pendant que sa mère prépare le dîner.

le dernier - the last

s'est amusé (s'amuser) - had fun (to have fun)

promenade - a walk

ses frères et sœurs - his siblings

Voilà un bon samedi de passé. Quand il rentre chez lui après sa journée de travail, monsieur Durand **est content** de savoir que sa famille est bien occupée pendant le week-end. **Demain**, dimanche, ils pourront **se reposer**. Mais monsieur Durand prépare une surprise pour sa femme et ses trois enfants : **la semaine prochaine**, ils iront tous faire du golf !

être content - to be happy

demain - tomorrow

se reposer - to rest

la semaine prochaine - the next week

QUIZ

1. Avant de partir pour leurs activités du samedi après-midi, les enfants Durand:
   a) font leurs devoirs pour la semaine suivante.

   b) rangent et nettoient leurs chambres.

   c) téléphonent à leurs amis.

   d) jouent un peu dans leur chambre.

2. Avant de choisir le tennis, Julien
   a) a fait de la pétanque et a beaucoup aimé ça.

   b) a pratiqué le skate et le patin à roulettes quand il était plus jeune.

   c) a étudié les arts martiaux.

   d) a fait du rugby.

3. Après les courses au supermarché, Madame Durand:
   a) fait le ménage et la lessive.

   b) prépare le repas du soir.

   c) boit un thé en lisant un magazine.

   d) téléphone à ses parents.

ANSWER

1) b   2) b   3) c

SUMMARY

La famille Durand - les parents et leurs trois enfants, travaillent dur toute la semaine. Alors, le samedi matin, les enfants peuvent se reposer, et l'après-midi, ils sont à nouveau très occupés.

Après avoir rangé la maison avec leur mère, Gaston, l'aîné, lycéen, rejoint ses amis pour jouer au football et faire une balade; Stéphanie, la seconde, fait de l'équitation, et Julien, le dernier, fait du tennis.

Madame Durand accompagne les plus jeunes, puis elle va faire les courses de la semaine au supermarché.

Elle rentre, les range et prend un peu de repos. Être un peu seule lui fait du bien. Elle boit un thé et mange des petits gâteaux en lisant un magazine.

Plus tard, tout le monde est à nouveau à la maison. Seul Monsieur Durand a travaillé toute la journée. Il pourra se reposer le lendemain.

Et la semaine suivante, il compte bien emmener toute la famille au golf!

VOCABULARY RECAP 10

famille - family

ingénieur - engineer

la semaine - the week

enseignante - teacher

trois enfants - three children

le lycée - the high school

le collège - the middle school

dur - hard

samedi - Saturday

ils font (faire) la grasse matinée - they sleep late (to sleep late)

dimanche - Sunday

après-midi - afternoon

chacun - each

voiture - car

supermarché - supermarket

repas - meal

bonbons - candy

donne (donner) - gives (to give)

sage - good, well-behaved

quitter la maison - to leave the house

rangent (ranger) - to clean

chambre - bedroom

l'aspirateur   the vacuum cleaner

repas - meal

téléphone (téléphoner) - (phones) to phone/to call

(habitent) habiter - live (to live)

football - soccer/football

une promenade - a walk

marcher - to walk

une randonnée - a hike

cyclisme - cycling

les chevaux - the horses

elle fait (faire) de l'équitation - she goes horseback riding (to go horseback riding)

un concours - a competition

pratiquer un sport - to practice a sport

jouer au tennis - to play tennis

jouer à l'ordinateur - to play on the computer

jouer à la console - to play video games

lire un livre - to read a book

écouter de la musique - to listen to music

agréable - enjoyable

un équilibre - a balance

loisirs - hobbies

commencer - to begin

a essayé (essayer) - tried (to try)

faire du ski - to ski

faire de la planche à voile - to windsurf

jouer aux boules - to play bowls (French game)

ennuyeux - boring

faire du skate - to skate

patin à roulettes - roller-skate

extraordinaire - extraordinary

faire ses courses - to do her shopping

ville - city

lèche-vitrine - window-shopping

les vêtements - the clothes

la librairie - the bookstore

la sortie - the exit

son mari - her husband

un film - a movie

merci - thank you

mettre des produits au congélateur - to put some products in the freezer

elle fait une pause (faire une pause) - she takes a break (to take a break)

un thé - a tea

des gâteaux - some cakes

agréable - pleasant

boire - to drink

pièces intéressantes - interesting plays (theater)

réserver une place - to book a seat

le dernier - the last

s'est amusé (s'amuser) - had fun (to have fun)

promenade - a walk

ses frères et sœurs - his siblings

être content - to be happy

demain - tomorrow

se reposer - to rest

la semaine prochaine - the next week

Martin est un jeune garçon de **neuf ans**. Il **vit** en ville avec sa mère, son père, sa grande sœur et leur chien. Martin est à **l'école** primaire et sa sœur, Lisa, est au **collège**. Durant la semaine, les deux enfants vont à l'école. Ce sont les parents qui les **emmènent** en **voiture**. Et tous les jours, ou **presque**, c'est **la même routine**. Aujourd'hui, Martin raconte ses habitudes quotidiennes dans son **journal intime.**

neuf ans - nine years old

vit (vivre) - lives (to live)

l'école - the school

le collège - the middle school

emmènent (emmener) - to take (to transport someone)

une voiture - a car

presque - almost

la même routine - the same routine

journal intime - diary

Ma routine quotidienne : le matin **je me réveille** à sept heures. C'est la **sonnerie** du **radio-réveil** qui me sort de mes **rêves**. Parfois, c'est maman qui vient me réveiller. **J'aime** quand c'est maman qui le fait, car elle **ouvre doucement les volets** et tire **les rideaux** pour que la **lumière** entre dans ma chambre. Ensuite **je me lève** et je **m'étire.**

je me réveille(se réveiller) - I wake up (to wake up)

sonnerie - ringtone

radio-réveil - clock-radio

les rêves - the dreams

J'aime (aimer) - I like (to like)

ouvrir - to open

doucement - softly

les volets - the shutters

les rideaux - the curtains

lumière - light

je me lève (se lever) - I get up (to get up)

m'étire (s'étirer) - stretch (to stretch muscles)

Je préfère prendre mon **petit-déjeuner** avant de me laver. **De toute façon,** pendant que je mange, **il y a** papa dans **la salle de bain**. Ensuite c'est **le tour** de Lisa, donc **j'ai le temps** chaque matin de prendre mon petit-déjeuner. Souvent, **je mange** des céréales avec du **lait**, des **tartines** et je bois un jus de fruit. J'aime l'odeur de **la cuisine** le matin : **ça sent le café.**

petit-déjeuner - breakfast

De toute façon - Anyway

il y a - there is

la salle de bain - the bathroom

le tour - the turn

j'ai le temps - I have time

je mange (manger) - I eat (to eat)

lait - milk

tartines - toasts

la cuisine - the kitchen

ça sent le café (sentir) - it smells of coffee (to smell)

Quand j'ai fini de manger, je monte dans la salle de bain. **Je prends une douche**. Il n'y a pas de **baignoire** dans **la maison**, seulement une douche, donc on ne peut pas prendre de **bains**. De toute façon, prendre un bain le matin est **trop long** et je commence l'école à huit heures et demie. Dans la salle de bain, **je me lave**, **je m'habille** et **je me brosse les dents**. Puis je me coiffe. Quand **mes cheveux** sont trop longs, je demande à maman de prendre rendez-vous chez le **coiffeur**. Je préfère avoir les cheveux **courts**.

Je prends une douche - I take a shower

baignoire - bathtub

la maison - the house

bain - bath

trop long - too long

Je me lave - I wash (myself)

Je m'habille (s'habiller) - I get dressed (to get dressed)

Je me brosse les dents (brosser) - I brush my teeth (to brush)

mes cheveux - my hair

coiffeur - hairdresser

court - short

Mon **sac de classe** est prêt. Je le prépare la **veille** au soir, comme ça je suis sûr de ne rien **oublier** le matin. **À huit heures**, tout le monde doit être prêt à **quitter la maison**. C'est généralement papa qui nous **dépose**, Lisa et moi, à l'école. Nous y allons en voiture. Lisa va au collège et moi, je suis à l'école primaire. J'irai au collège **dans deux ans**. Je ne suis pas **pressé** : le collège **semble difficile**. Mais Lisa dit que non, ce n'est pas si difficile. Après avoir déposé ma sœur **devant** le collège, papa me conduit à l'école. Il reste dix minutes avant que les cours (ne) **commencent**. J'ai le temps de dire bonjour à **mes copains** et de jouer un peu avec eux.

sac de classe - school bag

veille - the day before

oublier - to forget

à huit heures - at eight o'clock

quitter la maison - to leave the house

déposer - to drop off

dans deux ans - in two years

pressé - in a rush

semble difficile (sembler) - seems difficult (to seem)

devant - in front of

commencer - to begin

mes copains - my friends

Dans la journée, je suis en cours. J'aime bien **le français**, mais je n'aime pas les mathématiques. Je trouve que **l'emploi du temps** est un peu **chargé**, car il y a beaucoup de choses à **apprendre**. Mais heureusement il y a **la récréation** pour faire des pauses. J'aime la récré (récréation), je peux **jouer** avec mes copains et mes copines dans la **cour**. On joue au football et aux **cartes**.

dans la journée - during the day

le français - the French language

l'emploi du temps - the timetable

chargé - full/busy (schedule)

apprendre - to learn

la récréation - the break

jouer - to play

cour - playground

cartes - cards

Le **midi**, je mange à **la cantine**. Je n'ai pas le temps de rentrer à la maison, et ni papa, ni maman ne peuvent venir me chercher à l'école le midi. C'est donc plus pratique que je reste **manger** à la cantine. En plus, **les repas** sont bons et il y a souvent un **gâteau** comme dessert. Parfois, il y a même de la **glace** !

midi - noon

la cantine - the canteen

manger - to eat

les repas - the meals

gâteau - cake

glace - ice cream

L'après-midi, je suis encore en cours, avec une autre récréation pour faire **une pause**. Les cours **finissent** à quatre heures et je rentre à la maison. C'est **souvent** maman qui vient me chercher à l'école. **Elle vient** en voiture et nous allons ensuite chercher Lisa au collège. Quand nous arrivons à la maison, c'est l'heure du **goûter**. Maman aime **boire** du thé pour le goûter. Moi, je bois du lait et je mange des biscuits. Lisa préfère manger des fruits et un yaourt.

l'après-midi - the afternoon

une pause - a break

finir - to finish

souvent - often

Elle vient (venir) - she comes (to come)

un goûter - a snack

boire - to drink

Ensuite, je monte dans ma chambre pour **faire mes devoirs**. Quand les exercices sont trop difficiles, **j'appelle** Lisa ou maman pour qu'elles viennent m'**aider**. Mais en général j'arrive à faire mes devoirs tout **seul**. Je fais toujours tous les exercices en entier. Je ne veux pas que la maîtresse me donne **une retenue**. Mon ami Léo ne fait pas **toujours** ses devoirs et il est souvent en retenue.

faire ses devoirs - to do homework

j'appelle (appeler) - I call (to call)

aider - to help

seul - alone

une retenue - a detention

toujours - always

Quand mes devoirs sont faits, maman me laisse faire ce que je veux **avant** le dîner. Parfois **je joue à la Xbox**. D'autres fois je **surfe sur le net** ou je **chatte avec mes copains**. Mais souvent je vais au salon et je **regarde la télé**. Lisa aime bien **lire un livre** ou jouer à des jeux sur **l'ordinateur**. Mais comme elle a plus de devoirs à faire que moi, elle a moins de **temps libre** avant le dîner.

avant - before

jouer à la Xbox - to play Xbox

surfer sur le net - to surf the Internet

chatter avec ses copains - to chat with friends

regarder la télé - to watch TV

lire un livre - to read a book

l'ordinateur - the computer

temps libre - free time

Papa rentre à la maison **vers vingt heures**. C'est l'heure à laquelle nous mangeons tous ensemble. Lisa aide maman à mettre la table et moi je l'aide à **faire la vaisselle** après le repas. **Après** dîner, **j'ai encore le droit de** regarder un peu la télévision. J'aime bien quand il y a des séries télé car je peux voir un épisode **en entier**. Quand c'est **un film**, je ne vois pas **la fin** car je dois aller me **coucher**. J'ai besoin de dormir plus que les adultes.

vers vingt heures - around 8pm

faire la vaisselle - to do the washing up/to do the dishes

après - after

J'ai le droit de - I am allowed to...

en entier - full

un film - a movie

la fin - the end

se coucher - to go to bed

La routine du soir ressemble à celle du matin, mais **à l'envers**. Je me lave les dents, je me **déshabille** pour mettre mon pyjama et je vais au lit pour me coucher. Maman vient toujours me dire **bonne nuit** dans mon lit. Papa préfère quand je lui fais **un bisou** avant de monter dans ma chambre.

la routine du soir - the evening routine

à l'envers - in reverse

se déshabiller - to undress

bonne nuit - good night

un bisou - a kiss

Je pense que **tous les jours** se ressemblent un peu, mais que chaque jour est malgré tout différent, car il y a toujours **de nouvelles choses** en dehors de la routine quotidienne. Et le week-end, c'est très différent de **la semaine**. Je peux **faire la grasse matinée** le samedi matin. Il n'y a pas d'école le week-end, mais je **pratique** des activités sportives et je vois mes copains. J'aime bien le week-end, mais j'aime aussi la routine de la semaine.

tous les jours - every day

de nouvelles choses - new things

la semaine - the week

faire la grasse matinée - to sleep late

pratiquer - to practice

QUIZ

1. Martin prend son petit déjeuner avant de se préparer:
   a) Parce qu'il a très faim.

   b) Parce qu'il est trop fatigué et qu'il doit d'abord prendre des forces.

   c) Parce que son papa puis Lisa occupent la salle de bains.

   d) Parce qu'il est le plus jeune et qu'il doit prendre son temps.

2. Le midi, Martin mange à la cantine:
   a) Parce qu'il habite trop loin pour rentrer.

   b) Parce que les repas sont meilleurs à la cantine qu'à la maison.

   c) Parce qu'il veut déjeuner avec ses camarades.

   d) Parce que la cantine est obligatoire pour tous les élèves en primaire.

3. Le soir, au dîner:
   a) C'est Lisa qui met la table et fait la vaisselle.

   b) C'est Martin qui met la table.

   c) Ce sont maman et Martin qui desservent et font la vaisselle.

   d) C'est papa qui s'occupe de tout.

ANSWER

1) c   2) a   3) c

SUMMARY

Martin a 9 ans. Il vit en ville en famille, avec ses parents, sa grande sœur Lisa et leur chien.

Il nous décrit ses habitudes quotidiennes:

Il se lève à 7h: parfois, c'est sa maman qui vient le réveiller avec douceur.

Il prend son petit déjeuner tranquillement, car la salle de bain n'est pas disponible.

Il se prépare: il prend sa douche, se brosse les dents et s'habille.

À 8h, leur père les dépose à l'école et au collège.

Entre 8h20 et 8h30, il parle avec ses copains dans la cour.

Il a cours toute la matinée, avec une récréation, pour se détendre. Il joue au football ou aux cartes.

Il déjeune à la cantine à midi. Les repas sont bons.

Il a à nouveau cours l'après-midi, avec une deuxième récréation.

Sa maman vient le chercher à 4h, et ils vont ensemble chercher Lisa au collège.

C'est l'heure du goûter, puis des devoirs. Parfois, Martin demande de l'aide à sa mère ou à Lisa.

Puis il a du temps libre jusqu'au dîner: il joue à la Xbox, surfe sur le net ou regarde la télé.

À 20 heures, il dîne en famille. Il aide sa maman à faire la vaisselle.

Il regarde une série en entier ou le début d'un film, à la TV.

Il se prépare pour aller se coucher, puis va dans sa chambre. Sa maman vient lui dire bonne nuit.

Le week-end, c'est différent. Martin peut faire la grasse matinée. Le samedi, il a aussi des activités sportives et parfois, il voit ses camarades.

Mais que ce soit en semaine ou pendant le week-end, Martin aime bien ses petites habitudes. Et puis, chaque jour n'est jamais entièrement identique aux autres.

VOCABULARY RECAP 11

neuf ans - nine years old

vit (vivre) - lives (to live)

l'école - the school

le collège - the middle school

emmènent (emmener) - to take (to transport someone)

une voiture - a car

presque - almost

la même routine - the same routine

journal intime - diary

je me réveille(se réveiller) - I wake up (to wake up)

sonnerie - ringtone

radio-réveil - clock-radio

les rêves - the dreams

J'aime (aimer) - I like (to like)

ouvrir - to open

doucement - softly

les volets - the shutters

les rideaux - the curtains

lumière - light

je me lève (se lever) - I get up (to get up)

m'étire (s'étirer) - stretch (to stretch muscles)

petit-déjeuner - breakfast

De toute façon - Anyway

il y a - there is

la salle de bain - the bathroom

le tour - the turn

j'ai le temps - I have time

je mange (manger) - I eat (to eat)

lait - milk

tartines - toasts

la cuisine - the kitchen

ça sent le café (sentir) - it smells of coffee (to smell)

Je prends une douche - I take a shower

baignoire - bathtub

la maison - the house

bain - bath

trop long - too long

Je me lave - I wash (myself)

Je m'habille (s'habiller) - I get dressed (to get dressed)

Je me brosse les dents (brosser) - I brush my teeth (to brush)

mes cheveux - my hair

coiffeur - hairdresser

court - short

sac de classe - school bag

veille - the day before

oublier - to forget

à huit heures - at eight o'clock

quitter la maison - to leave the house

déposer - to drop off

dans deux ans - in two years

pressé - in a rush

semble difficile (sembler) - seems difficult (to seem)

devant - in front of

commencer - to begin

mes copains - my friends

dans la journée - during the day

le français - the French language

l'emploi du temps - the timetable

chargé - full/busy (schedule)

apprendre - to learn

la récréation - the break

jouer - to play

cour - playground

cartes - cards

midi - noon

la cantine - the canteen

manger - to eat

les repas - the meals

gâteau - cake

glace - ice cream

l'après-midi - the afternoon

une pause - a break

finir - to finish

souvent - often

Elle vient (venir) - she comes (to come)

un goûter - a snack

boire - to drink

faire ses devoirs - to do homework

j'appelle (appeler) - I call (to call)

aider - to help

seul - alone

une retenue - a detention

toujours - always

avant - before

jouer à la Xbox - to play Xbox

surfer sur le net - to surf the Internet

chatter avec ses copains - to chat with friends

regarder la télé - to watch TV

lire un livre - to read a book

l'ordinateur - the computer

temps libre - free time

vers vingt heures - around 8pm

faire la vaisselle - to do the washing up/to do the dishes

après - after

J'ai le droit de - I am allowed to...

en entier - full

un film - a movie

la fin - the end

se coucher - to go to bed

la routine du soir - the evening routine

à l'envers - in reverse

se déshabiller - to undress

bonne nuit - good night

un bisou - a kiss

tous les jours - every day

de nouvelles choses - new things

la semaine - the week

faire la grasse matinée - to sleep late

pratiquer - to practice

Lisa Dubois est **une jeune fille française** de treize ans. Elle vit dans **une grande ville** avec sa famille : ses parents, son frère Martin et leur chien Joker. Lisa est collégienne. **Elle va au collège** du lundi au vendredi. Elle aime **apprendre** et apprécie plus **particulièrement** les **cours de langues**. Lisa **aime** l'histoire, les mathématiques et les leçons de musique, mais elle n'aime pas vraiment le sport. **La jeune fille a beaucoup d'amis** dans sa classe, des filles et des garçons.

une jeune fille française - a young French girl

une grande ville - a big city

elle va au collège (aller au collège) - she goes to middle school (to go to middle school)

apprendre - to learn

particulièrement - especially

les cours de langues - the language classes

elle aime (aimer) - she likes (to like)

La jeune fille a beaucoup d'amis - The young girl has many friends

Hier, c'était un grand jour au collège car **c'était** le jour de la photo de classe. Les élèves le **savaient** à l'avance et Lisa s'est faite belle pour ce jour important. La photo de classe est importante pour la jeune fille car c'est **un souvenir** du collège. Quand elle sera adulte, Lisa pourra **montrer** la photo à ses enfants et leur **raconter** des souvenirs de son école et du temps où elle était **plus jeune**.

hier - yesterday

c'était - it was

savaient (savoir) - knew (to know)

un souvenir - a memory

montrer - to show

raconter - to tell

plus jeune - younger

Lisa **pense** que la photo de classe c'est un petit peu comme une photo de famille, mais avec ses **copains et ses copines** plutôt qu'avec ses **frères et ses sœurs**. Il y a aussi le **professeur** principal de la classe sur la photo, et l'un des élèves tient **une pancarte** avec **l'année** marquée dessus. Une nouvelle photo de classe est prise **tous les ans**.

penser - to think

copains et copines - friends (M/F)

frères et sœurs - siblings (M/F)

professeur - teacher

une pancarte - a sign

l'année - the year

tous les ans - every year

Chaque année, Lisa **est contente** de montrer sa photo à ses parents. Cette année, la photo est particulièrement réussie ! Les parents de la jeune fille sont aussi très **curieux** de mieux connaître les camarades de Lisa. Ils en **connaissent** certains car Lisa invite souvent ses amis à la maison. Mais les parents ne connaissent pas tous **les enfants**. Ils demandent à leur fille de leur **parler** de ses copains et copines.

être content - to be happy

curieux/curieuse - curious (M/F)

connaîtrc - to know

les enfants - the kids

parler - to talk

« Ici, c'est **ma meilleure amie,** Lara, dit Lisa en montrant sa copine sur la photo, vous savez qu'elle est très **gentille** et **drôle.**

- Oui, elle est aussi très **polie**, dit madame Dubois. Quand elle vient à la maison, **elle dit** toujours merci et au revoir avant de **partir.** » Lara a de **longs cheveux bruns** dont elle est très **fière**. Lisa aimerait avoir les mêmes cheveux que son amie.

mon meilleur ami / ma meilleure amie - my best friend (M/F)

gentil/gentille - kind, nice (M/F)

drôle - funny

poli/polie - polite (M/F)

elle dit (dire) - she says (to say)

partir - to leave

longs cheveux bruns - long brown hair

fier/fière - proud (M/F)

« Là, dit Lisa en montrant **un garçon** sur la photo, c'est Christophe. Il est **intelligent** et curieux. C'est le plus intelligent de la classe. Il a **toujours** de très bons résultats ! Mais il est aussi modeste : il ne **se vante** jamais d'être le meilleur. Je l'aime bien, il est gentil. Et ici, c'est son copain Guillaume. » Guillaume est blond avec **les cheveux courts** et **les yeux bleus**. Lisa explique à ses parents que le père de Guillaume n'est pas français. Il est allemand et il **travaille** pour une grande **société d'informatique.**

un garçon - a boy

intelligent - smart

toujours - always

se vante (se vanter) - brags (to brag)

les cheveux courts - short hair

les yeux bleus - blue eyes

travailler - to work

société d'informatique - IT company

« **Je n'aime pas** Alexandra, dit Lisa en montrant une autre jeune fille blonde avec des cheveux **ondulés**, Je la trouve **bête** et **méchante**. Elle fait de **mauvaises blagues** aux autres élèves. En plus, elle est très **bavarde**. Elle parle tout le temps durant les cours et les enseignants lui disent de **se taire**. Elle a souvent des **punitions**. Sa meilleure amie, Clotilde, est une fille **branchée**. Elle fait très attention à ses cheveux **frisés**. »

Je n'aime pas - I don't like

ondulés - wavy

bête - stupid

méchant - nasty

mauvaises blagues - bad jokes

bavard/bavarde - chatty (M/F)

se taire - to keep quiet

punitions - sanctions/punishments

branchée - trendy

frisés - curly

« Et ton professeur principal ?, demande le papa de Lisa.

- Il est **amusant** et il nous apprend beaucoup de choses intéressantes. Il est très **grand** et **chauve**. **Il porte des lunettes**, et il n'a pas de **barbe**. Il était absent le jour de la photo, c'est pour ça qu'il n'est pas dessus. C'est Madame Guillon, la prof de français, qui le remplace sur la photo. Elle est de **taille moyenne, mince** et avec des cheveux châtains qui vont bien avec ses **yeux verts**. C'est une femme **calme** et **généreuse**. »

amusant - fun

grand - tall

152

chauve - bald

il porte des lunettes - he wears glasses

barbe - beard

taille moyenne - average height

mince - slim, skinny

yeux verts - green eyes

calme - quiet

généreux/généreuse - generous (M/F)

« Là, continue Lisa en montrant d'autres enfants sur la photo, il y a Maxime. C'est le plus **sportif** de la classe. Et ici, c'est Justin, le moins sportif. Tout le monde dit que c'est parce qu'il est **gros**. Moi je pense que Justin n'est pas si gros que ça. Mais c'est vrai qu'il est un peu **paresseux**. Près de moi, c'est Clémence. Elle est sympa. J'aime ses **cheveux mi-longs**, mais elle veut les faire couper bientôt. **Je pense** que c'est un petit peu **dommage**, mais elle fait ce qu'elle préfère. Clémence porte des lunettes, elle voit très mal, **autrement**. »

sportif - sporty

gros - fat

paresseux - lazy

cheveux mi-longs - medium long hair

Je pense - I think

dommage - unfortunate

autrement - otherwise

« Et la fille qui tient la pancarte avec l'année écrite dessus, c'est Elsa. Sur la photo, elle est assise par terre, et quand elle est debout elle est **petite**. Elle est même plus petite que moi, et pourtant, je pense que je ne suis pas très grande pour mon âge ! Mais Elsa cst **marrante (amusante)**, elle a beaucoup d'humour et **rigole (rit)** tout le temps. Par contre, elle est très **maladroite**. Une fois, elle a fait tomber tout son **repas** par terre à **la cantine**. Heureusement, **personne** ne l'a **grondée.** »

petit/petite - small (M/F)

marrant/marrante (amusant/amusante) - funny(M/F)

rigoler (rire) - to laugh

maladroit - clumsy

repas - meal

la cantine - the canteen

personne - nobody

gronder - to scold

Lisa a montré tous les élèves à ses parents. La jeune fille n'est pas amie avec **tout le monde**, mais elle pense qu'elle est dans une **bonne** classe. Les enfants **s'entendent bien** entre eux et la classe a de bons résultats dans son ensemble. Lisa explique à ses parents qu'il y a **une autre** classe dans son collège où les enfants ne sont **jamais** calmes et où ils ont tous de **mauvais** résultats. C'est une classe très difficile.

tout le monde - everybody

bon/bonne - good (M/F)

s'entendent bien (s'entendre bien) - get along (to get along)

un/une autre - another

jamais - never

mauvais - bad

Comme **tous les ans**, les parents Dubois **achètent** la photo de classe de leur fille. Lisa est contente, car elle peut mettre la photo dans un joli cadre et la poser **sur son bureau**. Elle peut demander à ses amis d'**écrire** un petit mot gentil au dos de la photo. « Maman, papa, est-ce que je peux inviter tous mes copains et mes copines pour mon **prochain anniversaire** ? », demande Lisa à ses parents. « **Bien sûr**, ma chérie. Mais n'invite pas toute ta classe ! »

tous les ans - every year

acheter - to buy

sur son bureau - on her desk

écrire - to write

prochain anniversaire - next birthday

Bien sûr ! - Of course!

QUIZ

1. Pourquoi la journée d'hier était-elle importante pour les collégiens?
   a) Ils partaient en sortie scolaire.

   b) Ils se faisaient photographier tous ensemble.

   c) Ils avaient leurs contrôles trimestriels.

   d) Ils fêtaient l'anniversaire de l'un de leurs camarades.

2. La meilleure amie de Lisa est:
   a) Clémence, qui est à côté d'elle sur la photo?

   b) La petite Elsa, qui tient la pancarte?

   c) Lara, qui est gentille et drôle?

   d) La blonde Alexandra qui se moque de tout le monde.

3. Lisa aime beaucoup sa classe:
   a) Parce que les camarades sont sympas et que le niveau est bon?

   b) Parce que les élèves sont agités et bavards?

   c) Parce que les professeurs sont permissifs?

   d) Parce qu'elle est le leader de la classe?

ANSWER

1) b   2) c   3) a

SUMMARY

Lisa est une collégienne de 13 ans. Elle vit en ville avec ses parents, son frère et leur chien.

Chaque année, les élèves sont pris en photo, et la photo de classe est un souvenir important pour eux. La veille, ils se sont faits beaux pour l'occasion.

Aujourd'hui, Lisa a eu sa photo de groupe et elle est particulièrement réussie!

Ses parents, qui achètent chaque année la photo, lui demandent comment se nomment ses camarades.

Ils en connaissent quelques-uns que Lisa a déjà invités à la maison.

Lisa leur montre Lara, sa meilleure amie; Christophe, le plus intelligent de la classe; Guillaume, dont le papa est allemand; Alexandra, qu'elle n'aime pas beaucoup, car elle est méchante et indisciplinée; son amie Clotilde, très soucieuse de son apparence; Max le sportif et Justin qui ne l'est pas; Clémence, une camarade sympathique et la petite Elsa, qui tient la pancarte indiquant l'année scolaire.

Bien sûr, Lisa n'aime pas forcément toutes les personnes de sa classe, mais c'est une bonne classe, avec un bon niveau.

Et pour son anniversaire, Lisa pourra inviter ses meilleurs copains et copines: ses parents sont d'accord.

VOCABULARY RECAP 12

une jeune fille française - a young French girl

une grande ville - a big city

elle va au collège (aller au collège) - she goes to middle school (to go to middle school)

apprendre - to learn

particulièrement - especially

les cours de langues - the language classes

elle aime (aimer) - she likes (to like)

La jeune fille a beaucoup d'amis - The young girl has many friends

hier - yesterday

c'était - it was

savaient (savoir) - knew (to know)

un souvenir - a memory

montrer - to show

raconter - to tell

plus jeune - younger

penser - to think

copains et copines - friends (M/F)

frères et sœurs - siblings (M/F)

professeur - teacher

une pancarte - a sign

l'année - the year

tous les ans - every year

être content - to be happy

curieux/curieuse - curious (M/F)

connaître - to know

les enfants - the kids

parler - to talk

mon meilleur ami / ma meilleure amie - my best friend (M/F)

gentil/gentille - kind, nice (M/F)

drôle - funny

poli/polie - polite (M/F)

elle dit (dire) - she says (to say)

partir - to leave

longs cheveux bruns - long brown hair

fier/fière - proud (M/F)

un garçon - a boy

intelligent - smart

toujours - always

se vante (se vanter) - brags (to brag)

les cheveux courts - short hair

les yeux bleus - blue eyes

travailler - to work

société d'informatique - IT company

Je n'aime pas - I don't like

ondulés - wavy

bête - stupid

méchant - nasty

mauvaises blagues - bad jokes

bavard/bavarde - chatty (M/F)

se taire - to keep quiet

punitions - sanctions/punishments

branchée - trendy

frisés - curly

amusant - fun

grand - tall

chauve - bald

il porte des lunettes - he wears glasses

barbe - beard

taille moyenne - average height

mince - slim, skinny

yeux verts - green eyes

calme - quiet

généreux/généreuse - generous (M/F)

sportif - sporty

gros - fat

paresseux - lazy

cheveux mi-longs - medium long hair

Je pense - I think

dommage - unfortunate

autrement - otherwise

petit/petite - small (M/F)

marrant/marrante (amusant/amusante) - funny(M/F)

rigoler (rire) - to laugh

maladroit - clumsy

repas - meal

la cantine - the canteen

personne - nobody

gronder - to scold

tout le monde - everybody

bon/bonne - good (M/F)

s'entendent bien (s'entendre bien) - get along (to get along)

un/une autre - another

jamais - never

mauvais - bad

tous les ans - every year

acheter - to buy

sur son bureau - on her desk

écrire - to write

prochain anniversaire - next birthday

Bien sûr ! - Of course!

La famille Marchais **habite** dans une belle maison à **la campagne**. Le **jardin** est très **grand,** et les trois enfants en sont très **contents**. Ils peuvent **courir** dans le jardin et jouer avec leur chien. Leur jeu favori est de se **cacher** derrière les arbres. **En été,** la famille invite souvent des amis à dîner. Comme il fait beau et que le soir,, on **se couche plus tard,** les parents installent la table dans le jardin. En plus, il y a une belle vue sur la **campagne environnante.**

habiter - to live

la campagne - the countryside

jardin - garden

grand - big

content - happy

courir - to run

cacher - to hide

en été - during summer

se couche tard - stay up late

campagne environnante - surrounding countryside

Ce sont **les vacances d'été** et les enfants ne vont pas à l'école pendant **deux mois**. Leur mère, Sybille, ne travaille pas pendant le mois de juillet et peut ainsi **s'occuper de** ses trois enfants. Les enfants invitent souvent des amis à la maison pour jouer **avec eux**. Mais pas **aujourd'hui**, non. Car aujourd'hui, il y a trop de choses à **faire** ! Ce soir, monsieur et madame Marchais invitent un couple d'amis à dîner.

les vacances d'été - the summer holidays

deux mois - two months

s'occuper de - to take care of

avec eux - with them

aujourd'hui - today

faire - to do

Alors il faut tout **préparer** dans la journée ! Il y a la table et **les chaises** à sortir dans le jardin et il faut ranger un peu la maison. Il faut aussi **mettre la table** et la décorer et surtout il faut préparer **le repas** du soir ! Comme ce n'est pas tous les jours que les Marchais reçoivent des invités, Sybille veut préparer **quelque chose** d'exceptionnel. Avec ses enfants, elle **quitte la maison** pour aller **faire les courses** au supermarché.

préparer - to prepare

les chaises - the chairs

mettre la table - to set/lay the table

le repas - the meal

quelque chose - something

quitter la maison - to leave the house

faire les courses - to go shopping

À leur retour, tout le monde range les courses. La famille **a acheté** beaucoup de produits et de choses à manger, et pas seulement pour le repas de ce soir mais **pour toute la semaine**. Le supermarché est **loin** de la maison et les Marchais n'y vont pas tous les jours. C'est pour ça que Sybille a acheté du **poulet**, du **fromage**, du **sucre**, du **beurre**, du **pain**, des **œufs**, de la **confiture**, du chocolat et des **bonbons** pour les enfants. Et aussi des **pâtes** et des **saucisses** car c'est leur plat favori. Quand tout est rangé, les enfants **aident** à préparer le repas.

acheter - to buy

pour toute la semaine - for the whole week

loin - far away

poulet - chicken

fromage - cheese

sucre - sugar

beurre - butter

pain - bread

œufs - eggs

confiture - jam

bonbons - candy

pâtes - pasta

saucisses - sausages

aider - to help

Anna est la plus grande des trois enfants. Elle a seize ans et elle décide de faire une salade de fruits. La jeune fille **lave** les différents fruits puis les **coupe** en **petits morceaux**. Dans un **grand** saladier, elle met ensuite les morceaux de **pommes**, de **poires**, d'**ananas**, de bananes et de **fraises**. Elle **ajoute** des **raisins** et des **cerises** Sa mère lui dit de verser un peu de jus de **citron** dans le **saladier**, avec le jus des fruits, et de ne pas mettre de **prunes** ni de kiwis car leurs amis n'aiment pas ça.

laver - to wash

coupe (couper) - cuts (to cut)

petit - small

morceaux - pieces

grand - big

pomme - apple

poire - pear

ananas - pineapple

fraises - strawberries

ajoute (ajouter) - adds (to add)

raisins - grapes

cerises - cherries

citron - lemon

saladier - salad bowl

prunes - plums

De leur côté, les deux plus jeunes garçons de la maison, Mathieu et Fabien, **réfléchissent** aux **boissons**. Leur maman leur donne quelques **conseils** à **ce sujet**. « Il faut de la **bière** et du **vin** pour les adultes, dit la mère.

- Il faut aussi de la **limonade** et du coca pour les enfants, dit Mathieu.

- Et de l'eau pour tout le monde !, dit Fabien.

- Oui, tu as raison. Et il faut sortir le **thé** et le **café** pour le dessert.

- Moi, je prendrai un **chocolat chaud** !, dit le plus jeune des fils, j'aime le **lait**, c'est bon. »

réfléchissent (réfléchir) - think (to think)

les boissons - the drinks

conseils - advice

ce sujet - this subject

bière - beer

vin - wine

limonade - lemonade

thé - tea

café - coffee

chocolat chaud - hot chocolate

lait - milk

Pendant que les garçons mettent la table dans **le jardin**, madame Marchais prépare le plat principal du dîner. Ce sera du **poisson**, du saumon plus précisément, avec des **légumes**. Il faut faire **cuire** le poisson au **four** et les légumes dans une **marmite**. Elle voulait faire de la **viande**, mais elle pense que le poisson est meilleur pour le repas du soir. Pour préparer ce plat, elle suit une recette, dans **un livre** de cuisine.

le jardin - the garden

poisson - fish

légumes - vegetables

cuire - to cook

four - oven

marmite - pot

viande - meat

un livre - a book

« Lavez les légumes et **nettoyez** le poisson, lit-elle dans le livre, **pelez** les légumes et **coupez**-les en **rondelles**. **Faites bouillir** de l'eau dans une marmite ou une grande **casserole** et **faites chauffer** le four. Ajoutez les légumes dans l'eau avec du **sel**, et **portez** de nouveau **à ébullition**. **Remuez** les légumes de temps en temps. **Saupoudrez** le poisson d'herbes et laissez-le dorer au four. Après la cuisson, il est conseillé de **laisser refroidir** un peu le plat avant de le servir.» **En entrée**, Mme Marchais prépare du **melon** et du **jambon**.

nettoyer - to clean

peler - to peel

couper - to cut

rondelles - slices

faites bouillir (faire bouillir) - boil (to boil)

casserole - saucepan/pan

faites chauffer (faire chauffer) - heat (to heat)

sel - salt

portez à ébullition - bring to boil

remuez (remuer) - stir (to stir)

saupoudrez (saupoudrer) - sprinkle (to sprinkle)

laisser refroidir (refroidir) - allow to cool (to cool)

en entrée - as an appetizer

melon - melon

jambon - ham

Dans le jardin, la table est installée. Mais Fabien et Mathieu ont **trouvé** les bonbons et ils font **une pause**. Le jardin des Marchais est vraiment grand et la famille a **un potager** pour cultiver des légumes. « J'aime les carottes et les **pommes de terre**, dit Fabien à son frère.

-Moi aussi, mais je préfère les **petits pois** et les **haricots verts**, répond Mathieu.

- Regarde les belles salades ! Elles sont grosses !

- Oui, mais pas aussi grosses que les **choux**.

- **Je n'aime pas** le chou, dit Fabien. Mais j'aime le **chou-fleur**.

- Moi, ce sont les **champignons** et le **concombre** que je n'aime pas. »

trouver - to find

une pause - a break

un potager - vegetable garden

pommes de terre - potatoes

petits pois - peas

haricots verts - green beans

chou - cabbage

Je n'aime pas - I don't like

chou-fleur - cauliflower

champignon - mushroom

concombre - cucumber

Heureusement pour les garçons, il n'y a pas de champignons dans le repas de ce soir ! Tout est presque prêt et les enfants sont de plus en plus impatients que les invités arrivent. **Le couple d'amis** invité connaît très bien la famille Marchais. La femme est une **vieille connaissance** de Sybille et son **mari** a travaillé avec monsieur Marchais. Le couple d'amis a vu grandir les trois enfants et vient à **chaque anniversaire**.

heureusement - fortunately, luckily

le couple d'amis - the couple of friends

vieille connaissance - old acquaintance

mari - husband

chaque anniversaire - every birthday

La famille Marchais est vraiment contente de recevoir ses amis à dîner. Le couple **apporte des fleurs** et **une bouteille de vin** en arrivant. Sybille est très **heureuse** et souriante. Elle **espère** que le repas sera bon et va plaire à ses amis. Les trois enfants, eux, sont sûrs que le dessert sera très bon : Fabien **a déjà goûté** la salade de fruits !

apporter des fleurs - to bring flowers

une bouteille de vin - a bottle of wine

heureuse - glad

espérer - to hope

il a déjà goûté - he has already tasted

QUIZ

1. Où habite la famille Marchais?
   a) En ville, dans un immeuble.

   b) Dans une maison avec un grand jardin, à la campagne.

   c) Au bord de la mer.

   d) A la montagne.

2. Qui invitent-ils, ce soir?
   a) Les grands-parents maternels des enfants.

   b) Les camarades de classe d'Anna pour son anniversaire.

   c) Des amis qu'ils connaissent de longue date, et qui ont vu grandir les enfants.

   d) Les copains de Mathieu et Fabien.

3. Pour préparer la soirée, les Marchais:
   a) font les courses, préparent la décoration et cuisinent le repas.

   b) refont les peintures de la salle à manger.

   c) plantent des fleurs dans le jardin.

   d) dressent une tente dans la cour.

ANSWER

1) b   2) c   3) a

SUMMARY

Les Marchais vivent avec leurs trois enfants et leur chien dans une maison avec un grand jardin.

En été, ils invitent souvent leurs amis à venir dîner dans le jardin.

C'est le cas aujourd'hui, et Madame Marchais prépare la soirée avec ses enfants: courses de la semaine au supermarché, installation et décoration de la table dans le jardin et préparation du repas.

Au menu: melon et jambon, saumon et légumes, et salade de fruits. Anna, la plus grande des enfants, s'est occupée du dessert; Mathieu et Fabien, ses deux frères préparent la table, les chaises et les boissons. Madame Marchais cuisine le plat principal: elle suit une recette sur un livre de cuisine.

La famille est très heureuse de recevoir ces amis qu'elle connaît depuis longtemps. La soirée sera sans nul doute réussie!

VOCABULARY RECAP 13

habiter - to live

la campagne - the countryside

jardin - garden

grand - big

content - happy

courir - to run

cacher - to hide

en été - during summer

se couche tard - stay up late

campagne environnante - surrounding countryside

es vacances d'été - the summer holidays

deux mois - two months

s'occuper de - to take care of

avec eux - with them

aujourd'hui - today

faire - to do

préparer - to prepare

les chaises - the chairs

mettre la table - to set/lay the table

le repas - the meal

quelque chose - something

quitter la maison - to leave the house

faire les courses - to go shopping

acheter - to buy

pour toute la semaine - for the whole week

loin - far away

poulet - chicken

fromage - cheese

sucre - sugar

beurre - butter

pain - bread

œufs - eggs

confiture - jam

bonbons - candy

pâtes - pasta

saucisses - sausages

aider - to help

laver - to wash

coupe (couper) - cuts (to cut)

petit - small

morceaux - pieces

grand - big

pomme - apple

poire - pear

ananas - pineapple

fraises - strawberries

ajoute (ajouter) - adds (to add)

raisins - grapes

cerises - cherries

citron - lemon

saladier - salad bowl

prunes - plums

réfléchissent (réfléchir) - think (to think)

les boissons - the drinks

conseils - advice

ce sujet - this subject

bière - beer

vin - wine

limonade - lemonade

thé - tea

café - coffee

chocolat chaud - hot chocolate

lait - milk

le jardin - the garden

poisson - fish

légumes - vegetables

cuire - to cook

four - oven

marmite - pot

viande - meat

un livre - a book

nettoyer - to clean

peler - to peel

couper - to cut

rondelles - slices

faites bouillir (faire bouillir) - boil (to boil)

casserole - saucepan/pan

faites chauffer (faire chauffer) - heat (to heat)

sel - salt

portez à ébullition - bring to boil

remuez (remuer) - stir (to stir)

saupoudrez (saupoudrer) - sprinkle (to sprinkle)

laisser refroidir (refroidir) - allow to cool (to cool)

en entrée - as an appetizer

melon - melon

jambon - ham

trouver - to find

une pause - a break

un potager - vegetable garden

pommes de terre - potatoes

petits pois - peas

haricots verts - green beans

chou - cabbage

Je n'aime pas - I don't like

chou-fleur - cauliflower

champignon - mushroom

concombre - cucumber

heureusement - fortunately, luckily

le couple d'amis - the couple of friends

vieille connaissance - old acquaintance

mari - husband

chaque anniversaire - every birthday

apporter des fleurs - to bring flowers

une bouteille de vin - a bottle of wine

heureuse - glad

espérer - to hope

il a déjà goûté - he has already tasted

Chaque mois, le mercredi soir, Monsieur Jean Pouilloux se rend à la **réunion** du comité de **quartier**. Cette réunion **a lieu** une fois **par mois** et elle **rassemble** les habitants du quartier. **Ensemble**, les habitants parlent des problèmes du quartier, proposent des idées d'**améliorations** et des suggestions qu'ils font ensuite parvenir au **maire** de la ville. Jean Pouilloux **habite** dans une ville de taille moyenne et Monsieur le Maire est très **ouvert** aux propositions de ses **concitoyens.**

chaque mois - every month

réunion - meeting

quartier - neighborhood

a lieu (avoir lieu) - takes place (to take place)

par mois - per month

rassemble (rassembler) - gathers (to gather)

ensemble - together

améliorations - improvements

le maire - the mayor

habiter - to live

être ouvert - to be open

concitoyens - fellow citizens

La réunion du comité se fait dans **la cantine** de l'école. Il n'y a pas de **salle des fêtes à proximité** et tout le monde pense que c'est plus pratique de **faire** la réunion dans **l'école**. Comme c'est **le soir**, les cours sont terminés et il n'y a plus d'**élèves**. L'école est **vide** et les habitants sont **tranquilles** pour faire la réunion.

la cantine - the canteen

salle des fêtes - community center

à proximité - near

faire - to do

l'école - the school

le soir - the evening

élèves - students

vide - empty

tranquilles - not disturbed

Comme d'habitude, Jean **apporte des boissons**, surtout des sodas. D'autres personnes apportent des gâteaux **faits maison** ou d'autres choses à manger. La réunion a lieu le soir, vers l'heure du repas. **Certains** pensent que ce n'est pas très **pratique**, mais la plupart des habitants sont **contents** de cet horaire. Monsieur Pouilloux n'a pas d'avis. Il est retraité maintenant. Avant, il était **agriculteur** et habitait à la campagne.

comme d'habitude - as usual

apporter des boissons - to bring drinks

fait maison - home-made

certains - some people

pratique - convenient

content/contente - happy (M/F)

agriculteur/agricultrice - farmer (M/F)

Le sujet principal de ce soir est **la fête du Carnaval**. Elle a lieu tous les ans à la même période pour fêter **la fin de l'hiver** et l'arrivée du printemps. Il y a un grand **défilé** dans toute la ville et les gens sont déguisés. Le défilé passe dans tous les quartiers de la ville. Le comité de quartier de ce soir doit **choisir** le **chemin** du défilé de cette année.

la fête du Carnaval - the Carnival

la fin de l'hiver - the end of winter

le défilé - parade

choisir - to choose

chemin - road/path

Madame Gilbert, **la boulangère**, ne veut pas que le défilé passe devant chez elle. « Les gens font trop de bruit et l'après-midi, mon fils **fait la sieste**. » **Le coiffeur** est d'accord, il ne veut pas non plus que le défilé passe **devant sa maison**. Monsieur Pouilloux **écrit** la remarque dans un **carnet**. C'est lui qui prend les notes, ce soir. Il écrit également que la boulangère et le coiffeur habitent le même quartier que **l'infirmier** de l'école.

le boulanger/la boulangère - the baker (M/F)

faire la sieste - to take a nap

le coiffeur/la coiffeuse - a hair stylist/hairdresser (M/F)

devant sa maison - in front of his house

écrire - to write

carnet - notebook

l'infirmier/l'infirmière - the nurse (M/F)

Eric Campion est le **photographe** officiel de la ville. Il est aussi **journaliste**. Il n'habite pas ce quartier, mais il pense que le défilé doit passer par **le petit parc**. « Je suis d'accord, dit Madame Lefèvre. En plus, ça fera de jolies photos. » Madame Lefèvre est **avocate**. Son mari est dentiste et leur fils, Christophe, est un artiste. Il **peint** des **tableaux** et il **montre** souvent ses œuvres dans le hall de la mairie. Une fois, Christophe a fait **une exposition** où il y avait aussi des photographies prises par Eric.

photographe (M/F) - photographer (M/F)

journaliste (M/F) - journalist (M/F)

le petit parc - the small park

avocat/avocate - lawyer (M/F)

peint (peindre) - paints (to paint)

tableaux - paintings

montrer - to show

une exposition - an exhibition

Christophe Lefèvre travaille parfois avec d'autres artistes de la ville. Souvent, ce sont des **acteurs**, des **danseurs**, des **musiciens** et des **chanteurs**. Ensemble, ils préparent des spectacles. Christophe peint les **décors**. C'est dans cette troupe d'artistes que le jeune homme a rencontré **sa petite amie**, Annabelle. Elle est danseuse et rêve d'être actrice.

acteur/actrice - actor/actress

danseur/danseuse - a dancer (M/F)

musicien/musicienne - a musician (M/F)

chanteur/chanteuse - singer (M/F)

décors - stage sets

sa petite amie - his girlfriend

Monsieur Fournier est **architecte**. En ce moment, il travaille à la construction de maisons dans le quartier ouest, de l'autre côté de la ville. L'homme aime faire des **cartes** et il connaît très bien la ville. Il propose **un chemin** pour le défilé à travers tout le quartier. « Le défilé ne peut pas passer par cette **rue,** dit Madame Michel, La rue est **étroite** et tout le temps **en travaux**. » Madame Michel est **institutrice** et elle sait très bien de quoi elle parle : elle prend cette rue tous les matins en **voiture** pour aller à l'école.

architecte(M/F) - architect (M/F)

une carte - a map

un chemin - a way

la rue - the street

étroite - narrow

en travaux - under construction

instituteur/institutrice - primary school teacher (M/F)

voiture - car

Ce changement n'arrange pas Monsieur Fournier. L'homme **réfléchit à** un nouveau chemin. « Et **pourquoi pas** de ce côté ? », propose une jeune femme. Cette fille est **nouvelle** dans le quartier. Elle est **vendeuse** dans une boutique de vêtements et elle est très amie avec la **pharmacienne** qui est aussi sa voisine. La pharmacienne n'est pas venue à la réunion de ce soir.

réfléchir à - to think about

pourquoi pas - why not

nouveau/nouvelle - new (M/F)

vendeur/vendeuse - salesman/saleswoman

pharmacien/pharmacienne - pharmacist (M/F)

Les habitants du quartier **regardent** la carte de la ville. **Ce n'est pas facile** de décider d'un bon parcours ! Le **serveur** veut passer par ici, l'**ingénieur** pense qu'il faut passer par là... Personne n'**est d'accord** et c'est un vrai puzzle ! Les discussions sont **animées**. Le coiffeur parle avec le journaliste, l'infirmier avec l'avocate, la boulangère avec un **homme d'affaires**. Et Monsieur Pouilloux **écoute** tout le monde et écrit dans son carnet.

regarder - to look

ce n'est pas facile - it's not easy

serveur/serveuse - server (in a restaurant)

ingénieur (M/F) - engineer (M/F)

être d'accord - to agree

animées - heated

homme d'affaires - businessman

écouter - to listen

« Non, je ne suis pas d'accord, dit Madame Gilbert, la boulangère. **Je ne veux pas** que le défilé passe devant chez moi !

- Mais c'est le chemin le plus simple et le plus pratique, dit le serveur. Et puis le défilé ne **dure** pas **toute la journée**, madame. » La boulangère et le serveur **se disputent**. Ils parlent fort et tout le monde arrête de parler pour les écouter. L'institutrice s'approche pour les calmer. « Ne nous énervons pas, dit-elle. Nous allons **trouver** une solution qui rende **tout le monde** content. »

Je ne veux pas - I don't want

dure (durer) - lasts (to last)

toute la journée - all day long

se disputer - to argue

trouver - to find

tout le monde - everybody

Après **deux heures** de discussions, Monsieur Pouilloux a écrit **beaucoup** de choses dans son carnet. Son stylo **ne marche** presque **plus**. Beaucoup de chemins différents sont proposés et étudiés, mais personne n'est encore d'accord. Finalement, comme il est un peu **tard** et que les habitants veulent **rentrer chez eux**, ils demandent à Jean de choisir, car c'est le plus âgé de la réunion. « **Je ne sais pas** quel est **le meilleur** chemin pour le défilé », dit Jean. Mais comme il faut choisir, Monsieur Pouilloux prend une des propositions au hasard.

deux heures - two hours

beaucoup - many

ne marche plus (marcher) - no longer works (to walk - here it means to work)

tard - late

rentrer chez eux - go home

Je ne sais pas - I don't know

le meilleur - the best

Les autres habitants du quartier regardent la proposition choisie. Il y a des hochements de tête et des 'oui' qui se font entendre. « Oui, ce chemin **semble être** le meilleur », conclut l'architecte. Finalement, les habitants du quartier se sont mis d'accord ! Ils vont rentrer chez eux et la proposition de chemin sera donnée à Monsieur le Maire **le lendemain.** Une fois chez lui, Monsieur Pouilloux **dit** à sa femme qu'il est content que le Carnaval ne défile qu'une seule fois dans **l'année** !

semble être - it seems to be

le lendemain - the day after

il dit (dire) - he says (to say)

l'année - the year

QUIZ

1. Pour quelle raison le comité de quartier se réunit-il, ce soir?
   a) Pour régler des problèmes de cantine scolaire.

   b) Pour décider du parcours du prochain défilé de carnaval.

   c) Pour partager un repas entre habitants.

   d) Pour poser des questions au maire.

2. Pourquoi la boulangère ne veut-elle pas que le défilé passe devant chez elle?
   a) Son fils se repose l'après-midi parce qu'il travaille la nuit.

   b) Cela empêche les clients de venir chercher leur pain.

   c) Elle ne supporte pas le bruit.

   d) Son trottoir sera plein de confettis.

3. Pourquoi les habitants demandent-ils à Jean Pouilloux de choisir pour eux?
   a) Parce que tout le monde se dispute à propos du parcours.

   b) Parce qu'il est le secrétaire de séance.

   c) Parce qu'il est architecte et connaît la ville mieux que personne.

   d) Parce qu'il est plus âgé et plus intelligent que les autres.

ANSWER

1) b   2) a   3) a

SUMMARY

Ce soir, il y a une réunion du comité de quartier, comme chaque mois, dans la petite ville. Jean Pouilloux est le secrétaire de séance.

Les habitants qui y participent doivent décider du parcours du prochain défilé de carnaval.

Les discussions sont animées: certains ne veulent pas que le défilé passe devant leur boutique, certaines rues sont en travaux ... Personne n'a le même avis.

Comme il est tard et que les habitants sont énervés et fatigués, ils chargent Jean, le plus âgé, et qui a pris des notes toute la soirée, de décider du parcours. Celui-ci décide au hasard, et tout le monde se range derrière sa décision.

Heureusement que tous les comités de quartier ne se passent pas comme ça!

VOCABULARY RECAP 14

chaque mois - every month

réunion - meeting

quartier - neighborhood

a lieu (avoir lieu) - takes place (to take place)

par mois - per month

rassemble (rassembler) - gathers (to gather)

ensemble - together

améliorations - improvements

le maire - the mayor

habiter - to live

être ouvert - to be open

concitoyens - fellow citizens

la cantine - the canteen

salle des fêtes - community center

à proximité - near

faire - to do

l'école - the school

le soir - the evening

élèves - students

vide - empty

tranquilles - not disturbed

comme d'habitude - as usual

apporter des boissons - to bring drinks

fait maison - home-made

certains - some people

pratique - convenient

content/contente - happy (M/F)

agriculteur/agricultrice - farmer (M/F)

la fête du Carnaval - the Carnival

la fin de l'hiver - the end of winter

le défilé - parade

choisir - to choose

chemin - road/path

le boulanger/la boulangère - the baker (M/F)

faire la sieste - to take a nap

le coiffeur/la coiffeuse - a hair stylist/hairdresser (M/F)

devant sa maison - in front of his house

écrire - to write

carnet - notebook

l'infirmier/l'infirmière - the nurse (M/F)

photographe (M/F) - photographer (M/F)

journaliste (M/F) - journalist (M/F)

le petit parc - the small park

avocat/avocate - lawyer (M/F)

peint (peindre) - paints (to paint)

tableaux - paintings

montrer - to show

une exposition - an exhibition

acteur/actrice - actor/actress

danseur/danseuse - a dancer (M/F)

musicien/musicienne - a musician (M/F)

chanteur/chanteuse - singer (M/F)

décors - stage sets

sa petite amie - his girlfriend

architecte(M/F) - architect (M/F)

une carte - a map

un chemin - a way

la rue - the street

étroite - narrow

en travaux - under construction

instituteur/institutrice - primary school teacher (M/F)

voiture - car

réfléchir à - to think about

pourquoi pas - why not

nouveau/nouvelle - new (M/F)

vendeur/vendeuse - salesman/saleswoman

pharmacien/pharmacienne - pharmacist (M/F)

regarder - to look

ce n'est pas facile - it's not easy

serveur/serveuse - server (in a restaurant)

ingénieur (M/F) - engineer (M/F)

être d'accord - to agree

animées - heated

homme d'affaires - businessman

écouter - to listen

Je ne veux pas - I don't want

dure (durer) - lasts (to last)

toute la journée - all day long

se disputer - to argue

trouver - to find

tout le monde - everybody

deux heures - two hours

beaucoup - many

ne marche plus (marcher) - no longer works (to walk - here it means to work)

tard - late

rentrer chez eux - go home

Je ne sais pas - I don't know

le meilleur - the best

semble être - it seems to be

le lendemain - the day after

il dit (dire) - he says (to say)

l'année - the year

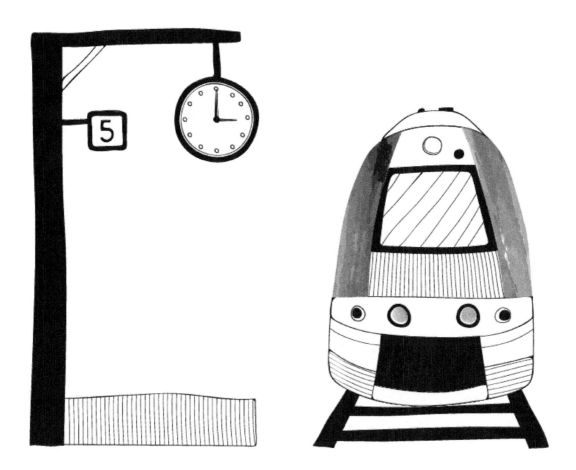

Edward est **un jeune homme anglais**. Pendant l'année, il est étudiant à l'université, mais durant l'été, comme il n'y a pas de cours, le garçon est en **vacances**. Cette année, Edward **passe une semaine** dans le nord de la France, chez un couple d'amis de ses parents. Le couple est très gentil. Il vit à **la campagne**, dans une grande maison avec **une chambre d'ami** pour **les invités**. Edward trouve la vue sur la campagne très **agréable**. Tous les soirs, il regarde le paysage par **la fenêtre avant d'aller au lit**.

un jeune homme anglais - a young Englishman

les vacances - the holidays

passe (passer) une semaine - spend a week (to spend)

la campagne - the countryside

une chambre d'ami - a spare bedroom

les invités - the guests

agréable - pleasant

la fenêtre - the window

avant d'aller au lit - before bed

Durant son séjour en France, Edward décide de passer un week-end entier à Paris. Les amis de ses parents l'encouragent à aller **visiter** la capitale : c'est une bonne expérience pour lui, il y a **beaucoup de choses à voir**, que ce soient des **musées** ou des monuments, et le garçon peut **améliorer** son français. Edward **est vraiment content** de son projet, même s'**il a un petit peu peur** de la grande ville.

visiter - to visit

beaucoup de choses à voir - many things to see

musées - museums

améliorer - to improve

être vraiment content - to be really happy

avoir un peu peur - to be a bit afraid

Ensemble, Edward et ses hôtes **regardent** sur internet **les horaires** des **prochains trains**. Il y a des **TGV** qui vont presque directement de Rouen à Paris. Le **trajet** est assez court et prend peu de temps. Il y a également des **Intercités**. Autrement, il y a des **TER**, mais Edward veut arriver vite à Paris et ne pas avoir à changer de train. Le jeune homme a peur de **se perdre** ou de **manquer** son train s'il y a des changements. Ils regardent les horaires pour le lendemain.

regarder - to look

les horaires - the schedule

les prochains trains - the next trains

TGV - high-speed train

trajet - route

intercité - trans-regional train

TER - regional train

se perdre - to get lost

manquer - to miss

Le jeune homme part donc **le lendemain**. Il se lève à **six heures moins dix** pour être à la gare à **sept heures et demie** car le train part à **huit heures moins le quart**. C'est son hôte qui le conduit en voiture jusqu'à **la gare** de Rouen. Devant la gare, l'homme dit à Edward de **faire attention** et de bien profiter de son voyage. Le garçon trouve ce monsieur vraiment très gentil. Il lui **achètera** un petit **cadeau** à Paris **pour le remercier.**

le lendemain - the day after /the next day

six heures moins dix - ten to six

sept heures et demie - half past seven (7:30am)

huit heures moins le quart - a quarter to eight (7:45am)

la gare - the train station

faire attention - to be careful

achètera (acheter) - will buy (to buy)

un cadeau - a gift

pour le remercier - to thank him

Edward est **en avance** et le train n'est pas encore parti. Il y a **peu de monde** ce matin dans la gare, c'est calme. Le jeune homme va au **guichet** pour acheter son billet. Il peut aussi l'**acheter** sur une **borne automatique** et payer avec sa **carte de crédit**, mais il préfère aller au guichet pour demander s'ils vendent des **cartes (plans)** de Paris.

en avance - early

peu de monde - few people

guichet - ticket office

acheter - to buy

borne automatique - vending machine

carte de crédit - credit card

carte - map

« Bonjour, dit Edward à la femme du guichet, je veux **un billet** pour le prochain train qui va à Paris, **s'il vous plaît.**

- Un **aller simple** ?, demande la femme.

- "Non, je voudrais un **aller-retour.** »

Edward pense que c'est plus simple et plus **pratique** d'acheter un billet aller-retour maintenant. Comme ça, s'il est **en retard** pour prendre le train du retour, il n'aura pas à **courir** au guichet pour acheter un autre billet.

un billet - a ticket

s'il vous plaît - please

aller simple - single/one-way (ticket)

aller-retour - return/round-trip (ticket)

pratique - convenient

en retard - late

courir - to rush

Edward a son billet en main. Il passe devant la **salle d'attente** pour rejoindre **le quai**. Dans la salle d'attente, le jeune homme voit qu'il y a beaucoup de personnes. Peut-être qu'un des trains est très en retard. Heureusement, ces personnes ont des **livres** et des magazines pour **s'occuper.** Les enfants ont des **jouets** pour s'amuser et certains adultes **parlent** entre eux. Il y a aussi une machine à café dans la salle d'attente.

salle d'attente - waiting room

le quai - the platform

livres - books

s'occuper - to keep yourself busy

jouets - toys

parler - to talk

Edward trouve la bonne **voie** et voit son train à quai. Il va au composteur pour **composter** son billet. Le garçon se rend compte alors qu'il a oublié de demander **le renseignement** qu'il voulait. **Tant pis,** il **trouvera** une carte de Paris plus tard car le train va bientôt partir. Edward n'a plus le temps de retourner au guichet pour **demander** son renseignement.

la voie - the platform

composter - to validate (the ticket)

le renseignement - the information

tant pis - never mind

trouvera (trouver) - will find (to find)

demander - to ask

Le jeune homme **monte** dans le train et **traverse** le wagon. Le placement est **libre**, donc il peut **s'asseoir** où il veut. Mais beaucoup de places sont déjà occupées. Edward avance et trouve un siège **vide** près de la fenêtre, à côté d'un autre passager. « Excusez-moi, dit Edward. Est-ce que la place est **occupée** ?

- Non, elle est libre, répond le passager. Vous pouvez vous asseoir»

Edward remercie l'homme. Il est content d'avoir trouvé une bonne place. Par la fenêtre, il peut regarder **le paysage** durant le voyage.

monter - to get on

traverse (traverser) - crosses (to cross)

libre - free

s'asseoir - to sit

vide - empty

occupé - taken

le paysage - the landscape

Le train est **à l'heure** et le voyage se passe bien. Il dure **une heure quinze** et Edward arrive à Paris à 9 heures, donc bien avant **midi**. Mais il voit sur son billet de retour que le train pour revenir à Rouen part à **dix-huit heures** et arrive... à **vingt-et une heures cinq** ! Edward n'a pas fait attention en l'achetant. Il vérifie et il voit qu'il y a des changements. C'est pour ça que le trajet est long, ce n'est pas un TGV ou un Intercité.

à l'heure - on time

une heure quinze - an hour and fifteen

midi - noon

dix huit heures - six o'clock (18:00)

vingt-et-une heure cinq - five past nine (21:05)

Edward **descend** du train en étant un peu perturbé par ce billet de retour. Il décide d'aller le faire **échanger** à un guichet de la gare, à Paris. Il veut revenir chez le couple d'amis qui l'**héberge** bien **avant minuit** et il **faut compter** le trajet en voiture. Le garçon passe devant **la consigne** pour aller au guichet. Il n'a pas de bagage à déposer, heureusement.

descendre - to get off (the train)

échanger - to exchange

l'héberge (héberger) - host (to host) him

avant minuit - before midnight

faut compter - should take into consideration

la consigne - left luggage office

Au guichet, il y a beaucoup plus de monde qu'à la gare de Rouen, mais la queue **avance vite**. C'est au tour d'Edward, et le monsieur qui s'occupe du guichet accepte d'échanger le billet. Il propose au jeune homme de nouveaux horaires : soit **trois heures**, soit **quatre heures et quart**, soit **cinq heures moins le quart**. Edward réfléchit et prend le billet pour le train qui part à **seize heures quarante-cinq**.

avance vite - moves fast

trois heures - three o'clock

quatre heures et quart - quarter past four

cinq heures moins le quart/seize heures quarante-cinq - quarter to five (16:45)

Voilà, Edward est à Paris, son **sac à dos** sur **les épaules**, son billet de retour en **poche** et il a même trouvé une carte de la ville ! Sa chambre d'**hôtel** est déjà réservée et le jeune homme est impatient de commencer à visiter. Il y a beaucoup de choses à **voir** à Paris et Edward n'a pas fait de programme. En **deux jours**, il espère voir un maximum de choses et surtout passer un bon moment. Après, il faudra **prendre de nouveau le train** pour rentrer, mais le garçon aura plein de souvenirs en tête pour le trajet !

sac à dos - backpack

les épaules - the shoulders

poche - pocket

hôtel - hotel

voir - to see

deux jours - two days

prendre de nouveau le train - to take the train again

QUIZ

1. Edward est en France
   a) Pour faire ses études à l'université de Rouen.
   b) Pour rendre visite à sa famille.
   c) Pour passer une semaine de vacances chez des amis de ses parents.
   d) Pour aller voir sa petite amie, qui habite Paris.

2. Dans le train pour Paris
   a) Edward ne trouve pas de place assise.
   b) Il a une place près de la fenêtre.
   c) Il a une place côté couloir.
   d) Il reste dans le sas d'entrée du wagon.

3. Edward doit échanger son billet de retour
   a) Parce qu'il va rester plus longtemps à Paris.
   b) Parce que l'horaire ne lui convient plus.
   c) Parce que le train n'est pas direct.
   d) Parce qu'il ne veut pas rester dans la capitale.

ANSWER

1) c   2) b   3) c

SUMMARY

Edward passe une semaine de vacances en Normandie chez des amis de ses parents. Il veut en profiter pour visiter Paris pendant deux jours.

Son hôte l'accompagne à la gare de Rouen en voiture. Edward va prendre un train Intercité, qui est direct et ne met qu'une heure un quart pour atteindre Paris.

Dans le train, il s'installe près d'une fenêtre, afin de voir le paysage.

En route, il se rend compte que le billet de retour n'est pas valable, car le trajet est trop long et comporte des changements. Il l'échangera donc à Paris, à la gare, en arrivant.

C'est ce qu'il fait: pour avoir l'esprit libre, il réserve tout de suite un autre horaire de train pour son retour de dimanche.

Sa chambre d'hôtel est déjà réservée, et Edward peut donc se lancer dans la découverte de la Capitale!

VOCABULARY RECAP 15

un jeune homme anglais - a young Englishman

les vacances - the holidays

passe (passer) une semaine - spend a week (to spend)

la campagne - the countryside

une chambre d'ami - a spare bedroom

les invités - the guests

agréable - pleasant

la fenêtre - the window

avant d'aller au lit - before bed

visiter - to visit

beaucoup de choses à voir - many things to see

musées - museums

améliorer - to improve

être vraiment content - to be really happy

avoir un peu peur - to be a bit afraid

regarder - to look

les horaires - the schedule

les prochains trains - the next trains

TGV - high-speed train

trajet - route

intercité - trans-regional train

TER - regional train

se perdre - to get lost

manquer - to miss

le lendemain - the day after /the next day

six heures moins dix - ten to six

sept heures et demie - half past seven (7:30am)

huit heures moins le quart - a quarter to eight (7:45am)

la gare - the train station

faire attention - to be careful

achètera (acheter) - will buy (to buy)

un cadeau - a gift

pour le remercier - to thank him

en avance - early

peu de monde - few people

guichet - ticket office

acheter - to buy

borne automatique - vending machine

carte de crédit - credit card

carte - map

un billet - a ticket

s'il vous plaît - please

aller simple - single/one-way (ticket)

aller-retour - return/round-trip (ticket)

pratique - convenient

en retard - late

courir - to rush

salle d'attente - waiting room

le quai - the platform

livres - books

s'occuper - to keep yourself busy

joucts - toys

parler - to talk

la voie - the platform

composter - to validate (the ticket)

le renseignement - the information

tant pis - never mind

trouvera (trouver) - will find (to find)

demander - to ask

monter - to get on

traverse (traverser) - crosses (to cross)

libre - free

s'asseoir - to sit

vide - empty

occupé - taken

le paysage - the landscape

à l'heure - on time

une heure quinze - an hour and fifteen

midi - noon

dix huit heures - six o'clock (18:00)

vingt-et-une heure cinq - five past nine (21:05)

descendre - to get off (the train)

échanger - to exchange

l'héberge (héberger) - host (to host) him

avant minuit - before midnight

faut compter - should take into consideration

la consigne - left luggage office

avance vite - moves fast

trois heures - three o'clock

quatre heures et quart - quarter past four

sac à dos - backpack

les épaules - the shoulders

poche - pocket

hôtel - hotel

voir - to see

deux jours - two days

prendre de nouveau le train - to take the train again

HOW TO DOWNLOAD THE FREE AUDIO FILES?

The audio files are in MP3 format and need to be accessed online. No worries though; it's easy!

On your computer, smartphone, iPhone/iPad, or tablet, simply go to this link:

https://www.talkinfrench.com/stories-beginner-audio/

Be careful! If you are going to type the URL on your browser, please make sure to enter it completely and exactly. It will lead you to a wrong webpage if not entered precisely.

You should be directed to a webpage where you can see the cover of your book.

Below the cover, you will find two "Click here to download the audio" buttons in orange and blue color.

Method 1 (direct download): The orange button will allow you to directly download all the files (in .zip format) to your computer.

Note: This is a large file. Do not open it until your browser tells you that it has completed the download successfully (usually a few minutes on a broadband connection, but if your connection is slow it could take longer).

The .zip file will be found in your "Downloads" folder unless you have changed your settings. Extract the .zip file and you will now see all the audio tracks. Save them to your preferred folder or copy them to your other devices. Please play the audio files using a music/Mp3 application.

Method 2 (via Google Drive): The blue one will take you to a Google Drive folder. It will allow you to listen to the audio files online or download it from there. Just "Right click" on the track and click "Download." You can also download all the tracks in just one click—just look for the "Download all" option.

Did you have any problems downloading the audio? If you did, feel free to send an email to support@talkinfrench.com. We'll do our best to assist you, but we would greatly appreciate it if you could thoroughly review the instructions first.

Thank you,

Frédéric BIBARD

Founder of TalkinFrench.com

I AM HERE TO HELP!

J'adore my language and culture and would love to share it with you.

Should you have any questions regarding my book, the French language and culture, or technical issues, I am happy to answer them. You can contact me via email or through the Talk in French Facebook page.

Email: support@talkinfrench.com

Facebook: facebook.com/talkinfrench

If you found this book to be helpful, you can support it by leaving a review on Amazon. Your feedback is truly appreciated and valued.

Thank you,

Frédéric BIBARD

Founder of TalkinFrench.com

Your opinion counts!

If you enjoyed this book, please consider leaving a review on Amazon and help other language learners discover it.

Scan the QR code below:

OR

Visit the link below:

https://geni.us/RPwhz7

Printed in Great Britain
by Amazon

45762282R00119